10대, 세상과 맞서기 전
알아야 할 인생 수업

10대,

세상과 맞서기 전 알아야 할

권혁진 지음

인생 수업

체인지업
CHANGEUP

누군가에게 인생 수업을 하는 사람이라면 '사회적으로 엄청나게 성공한 사람이겠구나' 하고 생각할 수도 있습니다. 하지만 사실 저는 성공한 사람이 아닙니다. 또 사회적으로 유명한 사람도 아니고, 돈을 아주 많이 번 부자도 아닙니다. 만약 인생에서 가장 빠르게 성공하는 비법을 알고 싶은 사람이라면, 지금 이 책을 덮고 다른 책을 찾는 게 맞을 것입니다.

저는 단지 어떤 일을 할 때 내 인생이 가장 행복할 수 있을지를 누구보다 많이 고민한 사람입니다. 7년간 회사에 다니면서도 나한테 가장 잘 맞는 일이란 무엇인지, 어떻게 사는 게 좋을지를 끊임없이 고민했습니다. 그러한 과정에서 온라인 쇼핑몰도 운영해 보고, 스마트폰 앱을 개발한 적도 있었습니다. 블로거로 활동하여 광고 수입을 얻기도 하고, 방과후 교사로 논술을 가르치기도 했습니다. 그렇게 다양한 일을 경험하다가 지금은 동화를 쓰는 작가이자 한의사로 살아가고 있습니다.

단번에 자기 적성을 잘 찾은 사람이라면 이런 고민이 필요 없을 것입니다. 그에 반해 저는 어떻게 살면 가장 나답게 살 수 있을까에 대한 고민을 20대가 아니라 30대가 끝날 때까지 계속했습니다. 그런 고민 속에서 대학도 서울대 4년, 경희대 한의대 6년으로 총 10년을 다녀봤습니다. 어떻게 보면 미련할 만큼 끝없이 진로와 꿈에 대해 고민해왔던 것입니다. 하지만 그만큼 고민했기에 한창 학업과 진로, 꿈에 대한 고민이 많은 여러분에게 전하고 싶은 이야기가 가득합니다.

요즘에는 책뿐만 아니라 유튜브를 통해서도 공부나 인생에 관한 좋은 조언을 많이 접할 수 있습니다. 하지만 스쳐 지나가듯 보고 잊어버리기 쉬운 유튜브 동영상보다는 글로 읽고 천천히 생각할 수 있는 책을 통해 자신의 미래를 계획하는 게 좋다고 생각합니다. 저는 이 책에 제 모든 경험을 담아내고자 노력했습니다. 어떠한 주장을 말로만 하는 것보다, 자기가 직접 경험한 것을 근거로 들면서 차분히 글로 전하는 내용이 훨씬 더 설득력이 있다고 생각합니다. 지금부터 제가 삶을 살아오며 직접 해보고 느꼈던 것들, 성취하고 실패한 것들을 이 책에서 가감 없이 털어놓고자 합니다.

사람마다 인생의 속도는 제각기 다릅니다. 세상 어딘가에는 어린 나이에 하고 싶은 일을 찾았거나 꿈을 이룬 사람도 있을 것입니다. 그에 비하면 저는 제가 행복해지는 길을 찾기 위해 남들보다 조금 멀리 돌아왔다고 생각합니다. 그래도 자신 있게 말할 수 있는 게 하나 있습니다. 바로 어제의 나보다 오늘의 내가 더 행복하다는 사실입니다. 행복이란 다른 사람과 비교하는 데서 오는 게 아니라 자기 내면에서부터 시작됩니다. 그래서 어제보다 오늘 더 행복해지는 방법에 대해서도 함께 이야기를 나누고 싶습니다.

또한 이 책은 어린 시절의 제게 전하고 싶은 말들도 담고 있습니다. 아직 많은 것이 서툴렀던 어린 날의 저에게, 이만큼 성장한 제가 해줄 수 있는 말들입니다. 그래서 가장 아름다우면서도 고민이 많은 시기를 보내는 이들에게 진심을 담아 전하고 싶은 이야기를 적었습니다. 이 책의 단 한 구절이라도 여러분에게 도움이 된다면 더할 나위 없이 기쁘겠습니다.

지은이 권혁진

목 차

1장

진짜 나를
알고 싶어요

- 나는 어떤 사람일까?

내가 꿈꾸는 삶을 찾기

저는 조금 색다른 이력을 가지고 있습니다. 바로 대학을 두 번이나 졸업했다는 점입니다. 20대에는 서울대 경제학부를 졸업했고, 30대에는 경희대 한의학과를 졸업했습니다. 경제학을 전공한 사람이 살아온 인생치고는 상당히 비효율적이라고 할 수 있습니다. 4년제 대학을 졸업하고 나서 잘 다니던 회사를 그만두었고, 다시 대학 생활을 하면서 6년이라는 시간과 등록금을 들였으며, 회사에 계속 다녔다면 벌었을 돈도 그동안은 못 벌었기 때문입니다.

도대체 어디서부터 잘못됐길래 이렇게 빙빙 돌아온 건지 스스로 질문을 많이 해봤습니다. 실은 처음 전공을 선택했을 때 경제학에 큰 흥미를 갖지 않았습니다. 부모님의 의견이나 주변 친구들의 선택, 사회적 평판 등을 고려한 선택일 뿐이었습니다. 결국 그 당시 나는 소신 없이 가장 안전해 보이는 길을 택한 겁쟁이였던 것 같습니다. 만약 그때 내가 좋아하는 전공을 선택했다면, 꼭 해보고 싶은 일을 현재의 직업으로 선택했다면, 지금 삶에 만족했을까도 궁금했습니다.

하지만 설령 다른 전공을 택했더라도 비슷한 과정을 겪었겠다고 생각합니다. 회사 생활을 시작하고 나서야 비로소 제가 어떤 삶을 살고 싶었는지 깨달았기 때문입니다. 어떤 사람은 자기가 꿈꾸는 삶을 겪어 보지 않고도 잘 그려낼 수 있지만, 저처럼 꼭 겪어봐야 아는 사람도 있습니다. 뒤늦게 알게 된 내가 꿈꾸는 삶은 비록 규모가 작은 조직이거나 혼자 일하더라도 모든 것을 주체적으로 결정하고 원하는 방향으로 미래를 만들어 나가는 것이었습니다. 물론 그에 따른 모든 책임도 온전히 제가 저야 합니다. 더불어 일을 마치고 나면 하루하루 작게나마 보람된 일을 하고 싶었습니다. 그런 삶을 살아야만 비로소 살아 있다는 느낌이 들었습니다.

✧ 우린 모두 각자의 삶을 산다

스무 살에 바로 한의대에 들어간 학생과 저처럼 뒤늦게 들어간 사람을 비교하면 내 삶이 많이 뒤처졌다고 생각할 수도 있습니다.

그들을 따라잡으려면 한참 걸린다고 조바심을 가질 수도 있습니다. 그런데 사실 우린 각자의 삶을 살아가고 있습니다. 누구보다 앞서고 뒤처지는 것은 큰 의미가 없습니다. 아무리 남들보다 늦어 보이더라도 자기 삶에 스스로 얼마나 만족하느냐가 중요합니다. 그런 의미에서 저는 뒤늦게라도 내가 더 행복해질 수 있는 길을 찾아 도전했다는 사실이 무척 자랑스럽고 뿌듯합니다.

그런데 만약 청소년 시절에 진짜 내가 하고 싶은 일과 꿈 그리고 진로에 대해 좀 더 많이 고민했더라면 어땠을까 생각해 봅니다. 혹은 미리 인생을 경험한 인생 선배가 살면서 겪어야 할 시행착오를 줄이는 방법을 살짝 알려 주었더라면 어땠을까요? 그랬다면 지금처럼 먼 길을 돌아가지 않고 단번에 원하는 전공을 선택해서 만족스러운 직업을 가질 수도 있었을 것입니다. 하지만 그런 선택은 역시 쉽지 않습니다. 어려서부터 정말 하고 싶은 일이 있고 또 그것이 평생 바뀌지 않는다면 모르겠습니다. 하지만 20대가 되어 마음이 바뀔 수도 있고, 전공과 무관한 일에 흥미가 생길 수도 있습니다. 열아홉의 내가 선택한 길을 평생 끝까지 걸어야만 한다면 그것 또한 숨 막히는 일입니다.

그렇다면 모두 시행착오를 겪으라는 말은 아닙니다. 저처럼 대학만 총 10년을 다니는 건 조금 미련한 짓일 수도 있습니다. 하지만 제게는 이런 과정이 시행착오가 아니라 나에게 맞는 진로를 천천히 찾아가는 과정이었다고 생각합니다.

스무 살의 내가 생각했던 안전한 길이 사실 나 자신에게는 가장 불안한 길이었던 것입니다. 그리고 진로에 대한 고민은 10대, 20대뿐만 아니라 30대, 40대가 되어서도 계속할 수 있다는 사실을 깨달았습니다. 미래 시대에는 모든 사람이 세 개 이상의 직업을 갖게 될 거라는 예측이 있는 것처럼, 비록 남들보다 많이 늦었어도 제가 꿈꾸던 한의사와 작가라는 직업을 갖게 되었다는 점에서 무척 만족합니다.

그러니 여러분도 지금 당장 원하는 꿈을 찾지 못했다고 불안해하지 않아도 됩니다. 잘못된 진로를 선택했다고 자책하거나 후회할 필요도 없습니다. 가장 중요한 점은 내가 행복해질 수 있는 길을 찾아 끝까지 가겠다는 의지입니다. 어떤 사람은 조금 빠르게, 다른 누군가는 조금 늦게 도달하겠지만, 결국 웃으면서 자기 인생을 살아갈 것입니다.

 Tipping point

- 우린 모두 각자의 삶을 살아가고 있다. 남들보다 앞서거나 뒤처지는 것은 그리 중요하지 않다.
- 중요한 것은 행복해질 수 있는 길을 계속 찾아가겠다는 의지이다.

맞지 않은 옷을 입었을 때

처음 직장을 그만둔다고 했을 때 나보다 더 아쉬워하는 친구가 있었습니다. 그래도 남들이 보기에 괜찮은 회사였는지 그 회사에 차라리 자기가 다니고 싶다고 했습니다. 하지만 나는 회사에 다니면서 어딘가 모르게 마음이 계속 불편했고, 왠지 맞지 않는 옷을 입고 있다는 생각이 들었습니다.

쇼핑몰에 갔을 때 마음에 쏙 드는 디자인의 옷을 발견할 때가 있습니다. 그런데 아쉽게도 마음에 드는 바지의 사이즈가 딱 하나만 남아 있으며, 막상 입어 보니 배가 조금 조이는 게 불편한 느낌이 듭니다. 하지만 '원래 처음에 입으면 다 이렇지 않나? 입다 보면 조금씩 늘어나겠지?' 하고 합리화를 시킨 후 그 바지를 덜컥 사 버립니다.

새로 산 바지를 입고 나가니 디자인도 예쁘고 저에게 잘 어울린 다는 둥 좋은 이야기를 많이 들었습니다. 그런 말을 들으면 기분 이 좋지만, 그것도 잠시이고 점점 이런 생각이 들기 시작합니다.

'숨쉬기가 좀 힘든 거 같은데?'

남들 눈에는 좋아 보여도 나만 느끼는 불편함이 있습니다. 하지 만 새로 산 옷이니 몇 번 안 입고 버리기도 아까워 어쩔 수 없이 자 주 입고 다닙니다. 그리고 배가 조이는 문제를 좀 해결해 보고 싶 어서, 이참에 뱃살을 빼 보기로 합니다. 뱃살이 많은 게 문제이니 좀 더 빼면 딱 맞을 것 같습니다. 그래서 먹는 양도 줄이고 운동도 열심히 해보지만, 배를 조이는 느낌은 좀처럼 사라지지 않습니다. 이러다간 옷 때문에 정신 건강에도 문제가 생길 것만 같습니다. '이제는 정말 이 옷을 버려야 하나' 하는 고민에 빠집니다. 그런데 막상 옷을 버리려니 생각할 문제가 많습니다. 우선 새 옷을 살 돈 이 없고, 이렇게 예쁜 디자인의 옷이 또 있을지도 모르겠습니다. 무엇보다 다들 조금씩 맞지 않은 옷을 잘 입고 사는 것 같은데 나 만 유난을 떠는 것만 같습니다.

지금까지 직장을 그만두는 과정을 옷에 비유해 보았습니다. 이 과정은 꼭 직장뿐만 아니라 들어간 학교가 마음에 들지 않거나 혹은 전공이 잘 맞지 않을 때와도 동일합니다. 남들은 좋아 보인다고 하는데, 이상하게 자신은 뭔가 아닌 것 같다고 느낄 수도 있습니다. 누군가에게는 잘 맞는 옷이 나에게는 맞지 않을 수 있기 때문입니다.

✦ 나에게 딱 맞는 옷은 있다

세상 어딘가에는 나에게 딱 맞는 옷이 분명히 있습니다. 그걸 찾는 과정이 괴로울 수 있고 시간이 꽤 걸릴지도 모르지만, 쉽게 포기하고 나에게 맞는 것은 없다고 단정 짓지 않았으면 좋겠습니다. 물론 처음부터 잘 맞는 옷을 골랐다면 옷을 다시 살 필요도 없고 이런 고민을 할 필요도 없습니다. 그런데 맞는 옷인 줄 알고 선택했는데, 입다 보니 불편할 수도 있고 쉽게 해질 수도 있습니다. '옷을 고를 때 충분히 고민했다면…….' 하고 후회해도 아무런 소용이 없습니다. 결국 새 옷을 다시 사러 가야 합니다. 하지만 이 사람은 적어도 처음 옷을 사러 갈 때보다는 신중하고 자신에게 잘 맞는 옷이 뭔지 더 잘 알게 되었습니다.

　인생이란 결국 자신만의 행복을 찾아가는 과정입니다. 누군가는 나보다 먼저 행복해지는 길을 발견했을 수 있습니다. 하지만 남과 비교할 필요는 없으며, 내가 집중해야 할 것은 오로지 내가 행복한가입니다. 과거의 나보다 오늘의 내가 더 행복하다면, 내 인생은 바른 길로 나아가고 있는 것입니다.

앞으로 여러분은 대학이나 전공, 직장 등 많은 것을 선택해야 할 시기가 다가옵니다. 그렇다고 새 옷이 조금만 어색해도 무조건 버리라는 말이 아닙니다. 계속 입을 만한 옷인지 아닌지는 결국 자신이 가장 잘 알고 있으니, 남들의 시선이나 기준이 아닌 자기 목소리에 귀 기울이길 바랍니다.

맞지 않는 옷에 나를 억지로 꿰맞추기보다는 나에게 딱 맞는 옷을 입을 때 우리는 더 행복해질 수 있습니다. 만약 여러분도 옷을 새로 사야 할 그날이 찾아온다면, 용기를 내어 도전하기를 바랍니다.

 Tipping point

- 남들이 아무리 예쁘다고 해도 옷이 잘 맞는지는 나만 알 수 있다.
- 맞지 않는 옷에 나를 꿰맞추기보다 나에게 딱 맞는 옷을 입을 때 더 행복해질 수 있다.

남들과 다르게 산다는 것

저는 30대 중반까지 사회에서 말하는 가장 이상적이고 안정된 삶의 경로를 따라왔습니다. 스무 살에 대학에 입학하고, 20대 후반에 취직하여, 30대 초반에 결혼했습니다. 주변 어르신들이 생각하는 저의 다음 과정은 출산이었고, 그다음은 내 집 마련이나 승진이었습니다. 하지만 저는 여기서 30년 이상을 잘 따라가던 정상적인 경로를 이탈하게 됩니다. 잘 다니던 직장을 갑자기 그만두었고, 30대 중반에 한의대에 입학해 동기 중에 최고령자라는 타이틀도 갖게 되었습니다.

처음에는 스무 살 아이들과 같이 학교 다니는 게 어색하기도 했고, 열 살 이상 차이가 나는 아이들과 말이 통하지 않을 것만 같았습니다. 학교가 끝나고 낮에 거리를 돌아다니다 보면, 다들 회사에서 열심히 일하고 있을 시간이어서인지 제 나이 또래의 남자들은 잘 보이지 않았습니다.

그런데 처음에는 어색하기만 했던 이 시간이 갈수록 차츰 다르게 느껴졌습니다. 왠지 몸이 가벼워지며 자유롭다는 기분이 들기 시작했습니다. 그동안 정해진 삶의 경로를 벗어나면 큰일이 나는 줄 알고 살았었는데, 저는 어느 순간 그 경로 밖에서 자유를 느끼고 있었습니다.

사실 20대에는 가장 친한 친구가 대학에서 조기 졸업하여 저보다 일 년 일찍 취업한 모습을 보며 더 늦어져서는 안 되겠다는 조바심이 들었습니다. 결혼 역시 마찬가지입니다. 직장 상사들은 결혼해서 빨리 아이를 낳는 게 최고라고 말하거나, 결혼 적령기를 놓치면 평생 결혼이 힘들다고 했습니다. 이렇게 주변의 보이지 않는 압박 속에서 평균적인 결혼 연령보다 이른 시기에 결혼을 하고 보니 더욱 주변을 볼 틈이 없었습니다. 그렇게 앞만 보고 달리다가 직장을 그만두고 나니, 그동안 따르고 있던 규칙에서 살짝 벗어난 느낌이 들었습니다. 물론 처음부터 자유를 느낀 것은 아니었습니다. 어딘지 모르게 불안했지만, 시간이 지날수록 숨통이 트인다는 느낌으로 바뀌었습니다.

이렇게 경로를 이탈하고 나니 좋은 점이 하나 있었습니다. 더 이상 제 삶과 비교할 대상이 없어졌다는 점입니다. 우리는 보통 몇 살에는 뭘 해야 하고, 그다음에는 뭘 준비해야 할 단계라는 것이 마치 교과서처럼 정해진 삶을 살아갑니다. 하지만 이런 경로를 이탈하여 무언가를 뒤늦게 시작하면 비교할 상대가 없으니 남들과 비교를 멈추게 되고, 다른 사람들도 뭐라 말하기를 멈춥니다. 그리고 바로 그 순간, 살면서 느껴보지 못했던 무한한 자유를 느끼게 됩니다.

'정해진 경로를 따르지 않아도 다 잘살 수 있구나! 그땐 왜 그렇게 남들과 똑같아지려 했을까?'

지금은 그런 생각이 들기도 합니다. 물론 회사를 그만두는 바람에 소득이 갑자기 끊기기도 했고, 나이 어린 친구들과 함께 밤새며 하는 공부가 쉽지 않았던 것도 사실입니다. 하지만 다른 모든 것보다 앞으로 삶을 온전히 내가 원하는 방향으로 살아갈 수 있다는 기쁨이 훨씬 더 컸습니다.

✦ 모든 선택에는 잃는 것과 얻는 것이 있다

직장을 그만둔 후 무엇을 잃었고 또 무엇을 얻게 되었는지 한 번 생각해 보았습니다. 잃은 것 중 가장 큰 것은 사람들이 말하는 정상적인 삶의 경로와 6년간의 넉넉한 소득이었습니다. 반면에 얻게 된 것은 첫째로 다양한 나이대의 친구들입니다. 예전에는 비슷한 또래 사람들과만 어울렸는데, 지금은 나이 차이가 크게 나는 어린 친구들과 어울리다 보니, 나이는 숫자에 불과하다는 걸 몸소 체험했습니다. 사람들이 서로 의견이 다른 것은 가치관이 달라서이지 나이 때문만은 아니었습니다. 어떨 때는 또래 친구들보다 어린 친구들과 공감이 더 잘 되기도 했습니다. 그렇게 어린 친구들에게 마음이 열리니 반대로 나보다 열 살 이상 많은 사람에게도 마음을 열 수 있었고, 이제는 위아래로 서른 살 차이가 나는 사람들을 모두 친구로 둘 수 있게 되었습니다.

둘째로, 두 개의 직업을 얻게 되었습니다. 한의대에 입학했으니, 한의사가 되는 것은 어찌 보면 당연했습니다. 그런데 한의대를 다니면서 방학 때면 책을 집필하기 시작했습니다. 이제 남들 눈치 볼 것 없이 살아도 된다는 용기가 생기자, 어려서부터 해보고 싶었던 건 다 해보자는 마음으로 이어졌습니다. 처음에는 자기계발서로 시작했지만, 사실 어려서부터 이야기 짓는 것을 좋아했던 저는 추리 소설과 동화에도 도전하여 공모전에서 수상하고 작가라는 직업도 얻게 되었습니다.

어르신들이 볼 때는 제가 살아가는 방식이 어딘지 이상하고 잘못된 것 같다고 느끼실지도 모릅니다. 그분들이 살아온 시대의 가치관에서는 이러한 일탈이 허용되지 않았기 때문입니다. 그런데 지금 저는 그 누구와도 제 삶을 바꾸고 싶지 않습니다. 누군가에게 피해를 주는 일이 아니라면 삶은 내가 원하는 방향으로 그려 나갈 때 가장 행복하다고 생각합니다. 남들은 어떻게 생각할지 몰라도 지금 저는 제 삶에 만족하고 또 행복합니다.

 Tipping point

- 남들과의 비교에서 벗어날 때, 우리는 비로소 자유로움을 느낀다.
- 내가 원하는 방향으로 삶을 그려 나갈 때 가장 행복할 수 있다.

계획대로
흘러가지 않을 때

잘 다니던 직장을 그만두자마자 현실적인 고민이 밀려들었습니다. 우선 한의대를 다니는 6년간 어떻게 먹고살아야 할지가 가장 큰 문제였습니다. 합격하기 전에는 막연하게 예전처럼 영어나 수학 과외를 시작하고, 예전에 블로그를 운영했던 경험이 있으니 블로그를 통한 수입도 얻어보고자 했습니다.

그런데 막상 현실이 되고 나니, 먹고사는 건 둘째 치고 가슴이 두근거리는 증상이 생기면서 밤에 잠을 잘 자지 못했습니다. 어느 날 갑자기 해고당한 것도 아니고, 모든 것을 내가 계획하고 자발적으로 퇴사하고는 몸이 아프다니 나 자신도 좀 어처구니가 없었습니다. 나도 모르는 사이에 회사에서 주는 월급에 많이 의존하고 있었는지, 6년 동안 소득이 끊긴다는 데서 오는 심리적인 압박이 생각보다 컸던 모양이었습니다.

하지만 본격적으로 블로그에 정성을 들이다 보니, 점차 블로그 관련 강의 의뢰가 들어왔고 주말이면 미용실이나 필라테스 학원 원장님들을 대상으로 강의를 진행할 수 있었습니다. 또 한의대에 논술 전형으로 합격하게 되면서 처음 계획과는 다른 과목인 논술 과외를 시작했습니다. 학교생활을 하면서 돈도 벌려다 보니 생각보다 벅찼지만, 그래도 조금씩 수입이 늘어나자 두근거리는 증상도 사라지고 잠도 푹 잘 수 있게 되었습니다.

하지만 한 해가 지나고 대입 논술 일정이 끝나면서 한순간에 과외는 모두 끝났고, 잘 운영하던 블로그도 갑작스럽게 수입이 떨어졌습니다. 그러니 한동안 괜찮아졌던 불안 증상이 다시 나타나며 시도 때도 없이 가슴이 두근거리기 시작했습니다. 이렇게 과외나 블로그에만 의존해서는 안 되겠다는 생각에 무언가 새로운 걸 시도해 보기로 했습니다. 특히 방학 때는 비교적 시간이 자유로웠는데 그때 집중해서 할 만한 일을 찾고 싶었습니다. 그렇다고 단기 아르바이트를 하면서 월급을 받기보다는 그동안 해보고 싶었던 일로 돈을 벌고 싶었습니다. 결국 예전부터 버킷리스트에 항상 있었던 책 쓰는 일을 시작하게 되었습니다. 책을 여러 권 출간하면서 인세가 들어오고, 공모전에서 여러 차례 수상하면서 새로운 수입 창구가 생겨났습니다. 논술 과외가 점점 알려지면서 고등학교에서 방과후 교사를 하기도 했고, 그렇게 몇 년이 지나자 연말에 대입 논술이 끝난 후 일거리가 없어져도 두근거리는 증상이 감쪽같이 사라져 버렸습니다.

몇 년간 수입이 있었다가 없어지기를 반복하면서 나도 모르게 단련이 된 모양이었습니다. 어느 순간부터는 어떻게든 먹고살 만큼 돈은 벌 수 있겠다는 생각이 들었습니다. 심지어 졸업 후에 한의사를 하지 않더라도 먹고살 수는 있겠다는 자신감이 생겼습니다. 직장을 나온 지 2년이 지난 뒤에야 비로소 회사 후유증에서 완전히 벗어난 셈이었습니다. 돌이켜보면 제가 회사를 나올 때 생각했던 것과는 전혀 다른 방법으로 수입을 얻고 있었습니다. 처음 계획처럼 영어나 수학을 가르치지도 않았고, 블로그는 중간에 그만두었지만, 대신 책을 써서 해외에 판권을 수출하기도 했고 고등학교에서 논술을 가르치기도 했습니다.

뭔가를 새로 시작하려는데 두려움이 앞선다는 사람들에게 전 항상 이렇게 말합니다. 나 역시 계획대로 된 건 하나도 없었다고 말입니다. 막상 계획한 걸 실제로 실행해 보면 생각지도 못한 문제가 발생하기도 하고 뜻하지 않은 실패를 경험하기도 합니다. 그런데도 어떻게든 열심히 살아보겠다는 간절함이 있으면, 또 방법이 생기고 새로운 길이 열린다고 믿습니다.

어떻게든 산 정상까지 올라가겠다는 간절함과 끈기가 있다면, 처음 생각한 등산로에서 벗어날지라도 반드시 목표지점에 도달

한다고 생각합니다. 그리고 계획된 등산로를 따랐다면 볼 수 없었을 아름다운 풍경도 발견할 수 있을 겁니다. 그러니 모든 게 계획대로 흘러가지 않는다고 너무 불안해하거나 초조해하지 않아도 괜찮습니다. 무엇보다 중요한 것은 꺾이지 않는 자신의 의지이기 때문입니다.

Tipping point

- 계획대로 이루어지지 않더라도 목표지점에 도달할 수 있다.
- 끝까지 해내겠다는 간절함과 끈기, 꺾이지 않는 의지가 중요하다.

콤플렉스를 극복하지 않고도 잘 사는 법

사람들 앞에 나서는 걸 좋아하지 않고, 사람이 많은 곳에서는 입을 꾹 다물어 버리는 내성적인 성격이 어려서부터 콤플렉스였습니다. 그래도 나이가 들면서 꾸준한 연습을 통해 사람들 앞에서 하는 발표는 곧잘 하게 되었지만, 직장에서 친하지 않은 상사 여러 명과 잡담하는 것은 여전히 어려웠습니다. 특히 나이가 많은 분 여러 명과 함께 있을 때 더 심했습니다. 내가 좋아하는 얘기는 다들 별로 관심을 가질 것 같지 않았고, 어떤 이야기를 해야 이 자리에 어울릴지를 생각해 내는 일이 참으로 어려웠습니다. 그런 불편한 마음을 지닌 채 계속 노력해 봤지만, 생각처럼 잘되지 않았습니다.

그런데 잘 생각해 보면 저는 어려서부터 단둘이 얘기하는 걸 좋아했습니다. 상대방에게만 집중할 수 있으니 어떤 얘기든 상대에 맞춰 꺼낼 수 있었습니다. 심지어 나이가 저보다 많이 어리거나 좀 많더라도 불편하지 않았습니다. 여러 사람 앞에서 말하는 걸 어려워하는 게 콤플렉스였다면, 단둘이 있을 때는 그만큼 더 친밀해질 수 있는 게 장점인 셈이었습니다.

직장을 그만두고 하게 된 일을 잘 관찰해보면 모두 단둘이 만나거나 소통하는 일이었습니다. 학생들에게 논술을 가르칠 때도 그렇고, 한의사로서 환자를 진료할 때도 마찬가지였습니다. 작가 역시 독자 한 명 한 명과 제 글을 통해 일대일로 소통하는 방식이었습니다. 제가 불편해하는 상황이 사라지고 편안한 상태에 놓이게 되니, 삶의 만족도도 자연스레 높아졌습니다.

자신의 콤플렉스를 극복하기 위해 노력하는 것은 좋은 태도라 생각하며, 끊임없이 노력해서 콤플렉스를 극복한 사람은 정말 멋지고 존경스럽습니다. 그런데 저처럼 노력해도 잘 안되는 사람들에게는 더 노력해서 어떻게든 극복하라는 것도 좀 무리일 수 있습니다. 잘 찾아보면 세상에는 내가 가진 콤플렉스를 느끼지 않고 살아가는 방법도 있습니다. 나를 정말 불편하게 하는 무언가가 있다면 차라리 그런 상황을 피하는 것도 하나의 방법일 수 있습니다. 길을 가다 장애물을 만나면 그 장애물을 부수고 지나갈 수도 있지만, 피해서 돌아갈 수도 있습니다. 그러니 설령 고치기 힘든 콤플렉스가 있더라도 거기에 너무 집중하지 않았으면 합니다. 내가 가진 강점을 좀 더 키워나간다면 얼마든지 세상을 편안한 마음으로 살아갈 수 있기 때문입니다.

 Tipping point

- 고치기 힘든 나만의 콤플렉스가 있더라도 너무 신경 쓰지 말자.
- 콤플렉스보다 강점에 집중할 때, 삶은 더 편안하고 만족스러워진다.

2장

좋은 직업을
갖고 싶어요

– 내 꿈은 무엇일까?

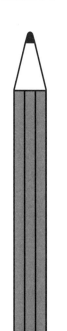

아무것도
하기 싫을 때

"저도 꿈을 좇으면서 목표를 향해 나아가고 싶어요. 그런데 하고 싶은 게 없는걸요."

내가 무엇을 좋아하는지, 또 적성은 뭔지 모르는 학생들이 많습니다. 사실 아직 사회 경험이 부족한 10대에게 이런 현상은 오히려 당연합니다. 아무것도 하고 싶지 않고 특별히 관심이나 흥미가 있는 분야가 없는 친구들도 많겠지만, 그래도 가능한 한 다양한 것을 경험하며 자신이 무엇을 좋아하는지, 어떤 것에 재능이 있는지 알아봐야 합니다.

아무것도 흥미가 없다고 말하는 사람들은 대부분 직접 해본 게 별로 없어서인 경우가 많습니다. 우리가 무언가에 흥미를 갖기 위해서는 이것저것 많이 보고 느끼고 경험해야 합니다. 그런데 학생일 때는 대개 학교와 학원에 오가며 공부하는 것 말고는 새로운 경험을 쌓을 기회가 주어지지 않습니다. 다른 분야에 조금만 관심을 가지려 해도 부모님이나 선생님이 다른 것에 신경 쓰지 말고 공부만 열심히 하라고 말하기 일쑤입니다. 그러다 보니 자연스럽게 관심사도 한정될 수밖에 없고, 흥미로운 것도 적을 수밖에 없습니다.

이러한 현실적인 제약 속에서도 자기 적성과 흥미를 찾는 방법이 있습니다. 먼저 가장 좋은 방법은 일단 뭐든 해보는 겁니다. 그렇게 마음의 장벽을 하나씩 부술 때마다 세상을 보는 눈도 조금씩 넓어집니다.

예전에 경상남도 통영시에서 진행하는 여행 지원 프로그램에 참여한 적이 있었습니다. 그 프로그램에 뽑히면 4박5일 동안 지낼 숙박비와 교통비, 식비 등을 지원받습니다. 그런데 기간 내내 자유롭게 여행하는 게 아니라 오전에는 필수적으로 참여해야 하는 프로그램이 있었습니다. 통영시에서 유명한 것들을 직접 배워보는 프로그램이었는데, 사실 저는 큰 관심이 가지 않았습니다. 솔직히 말하면, 여행비를 지원받는다는 것에만 관심이 있었습니다. 그나마 해보고 싶은 게 있었다면 목공예를 하는 프로그램이었는데 생각보다 지원자가 많아서 그 대신 누비 프로그램에 참여해야 한다는 연락을 받았습니다. '누비'는 겉감과 안감 사이에 솜을 넣고 홈질하여 바느질하는 걸 말하는데, '누비'라는 말도 그 당시에 처음 알았습니다. 오전 시간마다 하루 3시간씩 누비 수업에 참여해야 한다니, 보나 마나 지루할 것 같았습니다. 게다가 바느질 같은 건 평소 소질이 없어서 흥미가 전혀 없었습니다. 아예 여행 지원 프로그램 참여를 포기할까도 생각했지만, 그래도 혹시 뭔가 새로운 경험을 하지 않을까 하는 기대로 결국 참여했습니다.

실제로 누비를 배우다 보니 생각했던 대로 어려웠던 건 사실입니다. 남들보다 배우는 속도도 느리고 소질이 없었던 것도 예상대로였습니다. 그런데 한 가지 예상에서 빗나간 것이 있었습니다. 신기하게도 세 시간이 후딱 지나가 버릴 정도로 전혀 지루하지 않았습니다. 평생 살면서 이렇게 집중할 수 있는 일은 손에 꼽힐 정도였는데 말입니다. 항상 오가는 집 근처가 아니라 통영이라는 바닷가 도시에서 새로운 경험을 했다는 사실도 머릿속에 오래 남을 것 같았습니다. 그 이후 누비 선생님이 만들어 주신 지갑은 제가 5년째 쓰고 있을 정도로 아끼는 물건이 되었습니다. 비록 내 적성은 아니었지만, 좋은 사람들을 알게 되었고 세상에 제가 모르던 매력적인 분야를 경험할 수 있었습니다. 지금은 누비 전시가 근처에서 열린다면 꼭 보러 갈 것 같습니다. 이렇게 저의 관심 분야 하나가 자연스레 늘어난 셈입니다.

❖ 새로운 경험은 항상 기회를 가져온다

　20대 중반에는 국제 학생 동아리에 가입하여 해외 인턴십에 참여할 기회가 생겼습니다. 미국, 영국, 독일, 일본 같은 선진국에 가서 일을 해보고 싶었는데, 배울 점도 많고 나중에 취업할 때 도움이 될 것 같았습니다. 그런데 헝가리 회사에 자리가 하나 있을 뿐 제가 원하는 나라에는 마땅한 자리가 없었습니다. 헝가리는 저에게 무척 생소한 나라였고 솔직히 전혀 관심도 없었습니다. 게다가 회사도 당시 제가 관심 있던 금융이나 IT 같은 첨단 신기술 분야도 아닌 포장지를 제조하는 회사였습니다. 굳이 이런 곳을 가야 할까 고민했지만, 아무것도 하지 않는 것보다는 낫다는 생각에 결국 헝가리로 떠났습니다.

　그렇게 떠난 헝가리에서의 생활에 대해 결론만 말하자면, 평생 잊지 못할 행복한 추억을 쌓고 돌아올 수 있었습니다. 그뿐만 아니라 추후 한국에서 취업할 때도 이 경력이 큰 도움이 되었습니다. 많은 사람이 가는 미국이나 영국 인턴십에는 막상 기업의 채용 담당자들이 별로 관심을 보이지 않았는데 헝가리라는 특이한 나라에 왜 갔는지 다들 궁금해했습니다. 그래서 약간의 과장을 보태어 저의 도전 정신을 장점으로 내세웠습니다. 결과적으로 헝가리에서 경험한 것을 물어본 회사들은 어김없이 저에게 최종 합격이란 선물을 주었답니다. 결국 헝가리로 떠나기로 한 결정은 개인적인 만족뿐만 아니라 경력 면에서도 충분한 값어치를 한 일이었습니다. 이 경험을 통해 확실히 알게 된 점은 뭐든 직접 해보기 전에는 그것이 나에게 어떤 의미로 다가올지 전혀 알 수 없다는 것입니다. 새로운 경험을 하면 그 경험으로 인해 전에 없던 흥미가 생길 수 있습니다. 혹은 새로운 인연이 나타날 수도 있고, 어떤 경우에는 새로운 기회가 찾아올 수도 있답니다.

이런 사실을 알게 된 이후로 저는 새로운 경험이나 인연을 쌓을 기회가 생길 때마다 마다하지 않고 일단 해보는 습관이 생겼습니다. 그 경험이 위험하다거나 마음을 불안하게 만들지만 않는다면, 그게 무엇이든 일단 해보는 것이 좋다고 생각합니다. 당장은 많은 기회가 없을지도 모르지만, 앞으로 인생에서 새로운 경험을 할 수 있는 많은 날이 찾아옵니다. 그때를 위해 지금은 마음을 여는 연습부터 시작해 보는 게 어떨까요?

 Tipping point

- 직접 해보기 전까지는 그것이 나에게 어떤 의미로 다가올지 알 수 없다.
- 마음의 장벽을 부술 때마다 세상을 보는 눈이 조금씩 넓어진다.

재능과 적성을 찾는 4가지 방법

1. 남이 시키지 않아도 스스로 한 일을 찾자

저는 초등학생 때 공책에 만화를 그려서 친구들한테 보여 주는 걸 좋아했습니다. 그때 처음 그렸던 만화가 '소주맨'이었는데, 소주를 마시면 힘이 솟아 악당을 물리치는 내용이었습니다. 비록 그림에는 그다지 소질이 없어서 졸라맨 같은 형태로 그렸지만, 스토리를 지어내는 일이 무척 재미있었습니다. 또 중학생 때는 판타지 소설을 쓰다가 말았고, 고등학생 때도 끝까지 완성은 못 했어도 추리 소설을 쓴 경험이 있었습니다.

군대에 가서도, 회사에 다닐 때도 저는 항상 이야기를 끄적거리고 있었습니다. 그런데 신기한 것은 제가 평생 그렇게 무언가를 끄적거렸다는 걸 몰랐다는 점입니다. 한 번도 제대로 완성하지 못했기 때문에 재능이 없다고 생각했고, 중요한 기억으로 남아 있지도 않았습니다. 그로부터 20여 년이 지나 소설과 동화 공모전에서 수상하고 책을 여러 권 출간하고 나서야 제가 항상 이야기를 만들어 왔다는 걸 알았습니다.

　이처럼 누가 시키지 않았는데 무언가를 열심히 했던 경험이 있나요? 일을 비록 끝까지 완성하지 못했더라도 자꾸 손이 가는 일이 있나요? 이런 작업은 자신의 적성을 찾는 데 가장 좋은 신호입니다. 누군가는 그림을 그리는 일이 될 수도 있고, 누군가는 영상을 찍어 유튜브나 SNS에 올리는 일이 될 수도 있습니다.

　제가 이야기 짓는 일을 한다고 말하면, 가끔 자기도 소설을 써 보고 싶다는 사람들이 있습니다. 그런데 사람들은 항상 '써 보고 싶다'라고 말만 하고, 마음만 있을 뿐 실제 행동으로 옮기는 사람은 거의 본 적이 없습니다. 하지만 완성하지 못했더라도 실제 행동으로 옮긴 경험이 있다면, 그만큼 순수하게 좋아하는 일이라고 볼 수 있습니다.

　그러니 만일 무언가가 좋아서 그냥 해본 경험이 있다면, 그것을 직업으로 발전시킬 수는 없을지 한번 고민해 볼 만합니다. 만약 너무 하찮은 일이라는 생각이 든다면 유튜브를 한번 살펴봅니다. 알록달록한 사탕을 맛있게 씹어 먹기만 해도 인기를 끄는 사람이 있고, 자기가 생활하는 모습을 그냥 올리기만 해도 인기를 끄는 사람이 있습니다. 정말로 별거 아닌 것들을 잘 활용하면 대단한 것이 될 수 있는 세상입니다. 그러니 지난 행동들을 곰곰이 돌아보며 자기가 의외로 즐겼던 일들을 찾아보기 바랍니다.

2. 사람들을 끌어당기는 매력을 키우자

요즘은 다른 무엇보다 개인이 가진 매력이 중요합니다. 그런데 이 매력이란 것은 정확히 무엇이고 어디에서 나오는 것인지 말로 설명하기가 굉장히 어렵습니다. 외모나 말재간, 풍기는 분위기 혹은 콘텐츠 생산 능력 등이 합쳐져서 자신만의 독특한 매력이 만들어지기 때문입니다.

이런 기준에서 본다면 저는 사실 그렇게 매력적인 사람은 아닙니다. 이성에게 인기 있는 타입도 아니고, 어느 모임에 가더라도 주목받는 사람은 아닙니다. 그래도 제가 쓰는 이야기에는 매력이 있는 것 같습니다. 특히 내 이야기를 좋아해 주는 어린이들이 많을 때 정말 행복합니다.

팀 페리스$^{Tim Ferriss}$가 저술한 《타이탄의 도구들》이란 책을 보면, 천 명의 진짜 팬을 만들라는 말이 있습니다. 만일 나를 정말 좋아하는 팬을 천 명만 만들 줄 안다면, 평생 먹고살 걱정은 안 해도 된다는 것입니다. 그 천 명이 일 년에 5만 원씩만 내 상품이나 서비스를 사 주어도 연간 5,000만 원이 되기 때문입니다.

지금 당장 천 명의 진짜 팬을 만들기는 쉽지 않습니다. 하지만 자기가 사람들을 끌어모으는 능력이 있는 것 같다면, 일단 10명부터라도 모아 봅니다. 그 어떤 주제든 상관없으며, 가장 자신 있는 분야이면 됩니다. 사람을 끌어당기는 힘이 있다면, 앞으로 어떤 분야에서 무슨 일을 하더라도 성공할 가능성이 매우 크답니다.

3. 아이디어를 직접 실현해 보자

뭔가를 직접 기획하고 아이디어를 실현하는 게 즐거운 사람이 있고, 다른 사람에 의해 주어진 일을 수행하는 쪽을 더 좋아하는 사람도 있습니다. 나는 뭔가를 혼자 해나갈 때 더 힘이 나고 열정이 샘솟는 유형입니다. 직접 스마트폰 애플리케이션을 만들거나 홈페이지에 강의 동영상을 찍어 올릴 때 무척 즐거웠던 기억이 있습니다.

만일 누가 시키는 대로만 하는 게 싫다면 학교 축제 등 작은 행사나 동아리 활동을 통해 자기 아이디어를 실현해봅니다. 혹은 자신만의 콘텐츠를 생각해서 유튜브 영상을 찍어 봐도 좋습니다. 그런 시도를 자꾸 하다 보면 자신이 의외로 아이디어가 많은 사람이란 걸 깨달을 수 있습니다.

4. 공부 외의 다양한 활동에 참여하자

다양한 일을 직접 경험해 보는 것만큼 적성을 찾기에 좋은 방법은 없습니다. 그런데 10대에게 직접 경험해서 찾으라는 말만큼 무책임한 말도 없습니다. 10대들은 현실적으로 어디든 마음대로 가기 어렵고, 많은 경험을 쌓기도 힘듭니다. 하지만 각 지역에 있는 청소년센터나 문화센터, 도서관 등을 적극적으로 활용한다면 생각보다 많은 활동에 참여할 수 있습니다. 최근에는 여러 기관에서 청소년들이 꿈을 찾고 자신의 진로를 미리 탐색할 수 있는 많은 프로그램을 운영하고 있습니다. 그러니 지금 경험할 수 있는 것들은 최대한 해보며 자신이 어떤 것에 재능과 흥미가 있는지 알아보기 위해 노력해야 합니다.

그런 후 20대가 되면 좀 더 넓은 세상에서 이루어지는 본격적인 경험이 시작됩니다. 다양한 경험을 쌓기 위해서는 사람들이 많이 모이는 곳으로 가는 게 중요합니다. 그런 곳에서는 기회도 많이 생기기 때문입니다. 저는 대학생 때 OO은행 홍보대사를 하고, 난민들을 돕는 NGO에서 활동한 경험이 있습니다. 이처럼 여러 활동을 하다 보면 생각지도 못했던 자신의 적성이나 흥미를 발견할 수도 있습니다.

숨겨진 나만의 재능이나 적성을 찾는 방법

(1) 남이 시키지 않아도 스스로 했던 일을 찾아본다.

➡ 그림 그리기, 소설 쓰기, 춤추는 영상 찍기 등 뭐든 좋다. 끝까지 완성하지 못했더라도 순수하게 마음이 끌려 시도해 본 게 있다면 적성에 맞을 수 있다.

(2) 유튜브나 SNS에서 구독자나 팔로워를 최대한 모아 본다.

➡ 자신만의 관심사나 취미로 사람들을 끌어모아 보자. 아무리 하찮아 보이는 주제라도 특정 팬층만 있다면 상관없다.

(3) 학교 축제나 유튜브, 블로그 등을 통해 나만의 아이디어를 실현해본다.

➡ 평소에 떠오르는 재미있는 아이디어를 남들에게 보여 준다. 예를 들면, 학교 축제 때 귀신의 집을 오싹하게 꾸미는 아이디어를 내는 등 자기가 정말 신이 나서 할 수 있는 일 위주로 찾는다.

(4) 사람들이 많이 모이는 곳으로 가서 다양한 경험을 쌓는다.

➡ 10대에는 제약이 많으니 20대가 되었을 때 최대한 많은 경험을 쌓아 보겠다고 마음을 열어두자. 큰 도시에서 열리는 각종 행사나 프로그램을 살펴보며 관심 있는 분야를 찾아본다.

장래 희망 찾기보다 더 중요한 일

진로를 찾는 과정에서 장래 희망을 말하라고 하면 보통 직업을 말합니다. 예를 들어 변호사, 의사, 선생님, 운동선수, 요리사, 공무원을 말하곤 합니다. 저도 중고등학생 때 선생님이 반 아이들에게 장래 희망을 적어 내라고 했던 기억이 납니다. 그런데 20여 년이 지난 지금에 돌아보면 그때 썼던 장래 희망을 직업으로 삼은 친구는 거의 없는 것 같습니다. 왜 그럴까요?

우선 어릴 때는 세상에 얼마나 많은 직업이 있고 그게 나와 맞을지도 잘 알지 못했기 때문입니다. 그래서 남들이 다 알 만한 직업 중 하나를, 선생님이 쓰라고 하니 마지못해 쓰기도 합니다. 또 어렸을 때는 어떤 일이 하고 싶었다가 나이를 먹을수록 생각이 계속 바뀌기도 합니다. 이런 여러 가지 이유로 어린 시절에 말했던 장래 희망은 실제로 이뤄지지 않을 때가 많습니다.

저는 어려서 장래 희망을 적으라고 하면 선생님이나 번역가를 썼던 기억이 납니다. 매해 조금씩 바뀌기는 했어도 두 직업을 가장 많이 썼던 것 같습니다. 하지만 나이가 들어 20대가 되었을 때는 금융 회사에 취직했고, 어려서 생각했던 것과 전혀 다른 방향으로 간 탓인지 결국 그만두고 말았습니다.

잘 생각해 보면 그때 좋아했던 것들을 지금도 좋아하고 있습니다. 저는 다른 사람에게 무언가를 알기 쉽게 가르치는 일을 좋아합니다. 어렸을 때 장래 희망처럼 중고등학교 선생님이 되지는 못했으나 방과후 교사로 논술을 가르치면서 큰 보람과 재미를 느꼈습니다. 마찬가지로 번역가가 되지는 못했어도 작가가 되어 글을 쓰고 있습니다. 번역가와 작가는 글 쓰는 일과 관련되었다는 점에서 공통점이 있습니다.

✢ 내가 좋아하는 성격의 일을 찾자

아마 지금 당장 원하는 꿈이나 직업을 정하라고 하면 당황스러울 수 있습니다. 아직 세상을 잘 알지 못하는데 원하는 일이 바로 생기기는 어렵기 때문입니다. 그렇다면 구체적인 직업이 아닌 어떤 성격의 일을 좋아하는지 한번 생각해 볼까요?

예를 들어 남을 즐겁게 해주는 일, 돕는 일, 가르치는 일, 자신이 주도해서 만들어 가는 일, 가만히 있는 것보다 몸을 움직이는 일, 창조적인 작업을 하는 일, 사람들과 어울리지 않고 혼자 하는 일 등 자기가 좋아하는 일의 성격을 쭉 적어 봅니다. 이 작업은 구체적인 장래 희망이 없어도 누구든 해볼 수 있으며, 직업을 말하는 것보다 자기만의 취향이나 적성이 더 잘 드러날 수 있습니다.

만일 여러분이 스스로 좋아하는 일의 성격을 적어 내려갈 수 있다면, 그러한 성격을 갖는 일들을 하나씩 시도해 보는 것도 좋습니다. 예를 들어 남을 웃기는 일이 좋다면, 가족이나 친구를 하루 내내 웃겨 볼 수도 있습니다. 당장은 그게 큰 의미가 없어 보일 수도 있지만, 그런 경험이 바탕이 되어 나중에 코미디언이나 연극배우, 개그 유튜버가 될 수도 있습니다.

몇 년 전에 저는 한 초등학생이 자신의 블로그에 연재하는 소설을 읽어본 적이 있습니다. 초등학생이 쓴 소설치고는 너무 흥미진진해서 다음 화가 나오길 기다리기까지 했답니다. 소설의 마무리는 조금 어설펐지만, 저는 그 아이가 뭘 좋아하는지 바로 알 수 있었답니다. 그 아이는 나중에 웹소설 작가나 소설가, 시나리오 작가 같은 일을 해도 좋을 것 같았고, 꼭 그런 직업이 아니더라도 스토리텔링과 관련된 일을 하면 좋겠다고 생각했습니다.

이렇게 자기가 좋아하는 일의 성격을 알면, 그 성격과 맞는 여러 직업을 떠올릴 수 있습니다. 그래서 장래 희망으로 꼭 한 가지 직업을 택할 필요는 없습니다. 내가 좋아하는 성격의 일을 할 수 있다면, 그게 어떤 직업이든 행복해질 수 있기 때문입니다.

✦ 내가 정말 싫어하는 성격의 일을 알자

반대로 진짜 직업으로 삼기 위해서는 자기가 좋아하는 일의 성격뿐만 아니라 어떤 일을 싫어하는지도 알아두는 게 중요합니다. 사실 특별히 좋아하는 성격의 일이 없는 사람들도 있는데, 그런 사람들은 자기가 정말 싫어하는 일만 피해도 크게 불행해지지 않는다고 합니다. 그러니 자기가 어떤 일을 정말 싫어하는지 꼭 알아야 합니다.

이번에도 저를 예로 들어보자면, 저는 단순 반복적인 일을 싫어합니다. 또한, 별로 중요하지 않은 일에 시간을 많이 투자하는 것도 좋아하지 않습니다. 혼자 하는 일이나 일대일 혹은 소규모로 만나는 걸 선호하기 때문에 많은 사람과 어울리는 것을 싫어합니다. 이렇게 내가 싫어하는 일의 성격들은 회사에서 일을 해보고 나서 알게 된 것도 있습니다. 그리고 자기 자신을 꼼꼼하게 관찰해야 알아낼 수 있습니다. 간혹 싫다는 기분이 불쾌해 서둘러 잊어버리려고 할 때가 많지만, 그러지 말고 자신이 싫어하는 것이 무엇이지 다시 한번 꼼꼼히 살펴보는 시간을 가지기를 바랍니다. 친구들과 협력해서 조별 과제를 할 때, 학급 회의를 할 때, 아르바이트할 때, 어떤 일이나 과제를 처리할 때 등 여러 상황에서 자기 성향이 드러나게 마련입니다. 그럴 때 꾸준히 자기 자신을 관찰해 나가야 합니다.

어떤 일이나 직업이 굉장히 마음에 드는데 만약 자기가 정말 싫어하는 성격의 일을 포함하고 있다면 아무리 좋아하는 일이라도 시간이 지나며 스트레스를 많이 받게 될 것입니다. 그러면 중간에 못 버티고 포기하게 될지 모릅니다. 이게 바로 좋아하는 일보다 싫어하는 일의 성격이 더 중요한 이유랍니다. 결국 자기 자신에 대해 자세히 알면 알수록 스스로 행복해질 수 있는 직업을 택할 가능성이 커집니다.

Tipping point

- 장래 희망을 위해 직업이 아닌 내가 좋아하는 일의 성격을 모두 적어 보자.
  ➡ 예시) 남을 돕는 일, 가르치는 일, 몸을 움직이는 일, 말을 많이 하는 일 등
- 좋아하는 성격의 일들을 기회가 될 때마다 적극적으로 시도해 본다면, 자기 적성을 더 정확히 확인할 수 있다.
- 반대로 내가 싫어하는 일의 성격도 적어 보자.
  ➡ 예시) 단순 반복적인 일, 사람들을 직접 상대하는 일, 육체적으로 힘든 일 등
- 정말 싫어하는 성격의 일만 피해도 삶은 크게 불행해지지 않는다.

적성에 맞는 일인지 확인하는 방법

저는 한의사이면서 작가이기도 합니다. 한의사는 전문직에 속하고 어느 정도 소득이 보장되어 있다고 생각하는 사람들이 많습니다. 그래서 의료직 계열의 직업들은 적성을 크게 따지지 않고 도전하는 학생이 많습니다.

그런데 작가라는 직업은 조금 다릅니다. 일단 소득이 훨씬 불안정하고, 성공할 것이라는 보장도 없습니다. 그러다 보니 자기가 정말 이 일을 좋아하는 걸까 종종 헷갈리기도 합니다. 그래서 무언가를 창작하는 직업을 꿈꾸는 학생들에게 특별히 해주고 싶은 이야기가 있습니다.

저는 순수하게 새로운 이야기를 만들어 내는 일을 좋아합니다. 세상에 존재하지 않았던 인물과 이야기가 제 손끝에 의해 만들어 진다는 데서 희열을 느낍니다. 그리고 그 이야기를 읽고 재미있어 하는 사람들의 반응을 볼 때 가장 큰 행복과 감동을 얻습니다. 제 가 만들어 낸 이야기에 반드시 심오한 주제를 다루어야 하거나 교 훈을 남겨야 한다는 생각도 없습니다. 그저 많은 사람이 제 이야 기 자체를 좋아해 주었으면 하는 마음이 큽니다.

《하울의 움직이는 성》이나《센과 치히로의 행방불명》같은 애 니메이션 음악을 작곡한 거장 히사이시 조가 그의 책을 통해 전한 말이 있습니다. 저는 이 말이 창작자의 적성을 드러내는 핵심적인 메시지라고 생각합니다.

"음악은 나를 행복하게 만들어 주지 않는다. 그만큼 나를 고민 하게 만들고 괴로움 속으로 밀어 넣기 때문이다. 그러나 나는 음 악을 그만둘 수 없다. 아무것도 없는 백지상태에서 곡을 만들어 내는 그 순간이야말로 무엇과도 바꿀 수 없는 가장 큰 행복이기 때문이다."

저는 이 말을 처음 접한 순간 한동안 정신이 멍했습니다. 평소 에 갖고 있던 제 생각과 무척 비슷했기 때문입니다. 그의 말에 공 감하는 사람이라면, 창작자의 삶을 살아도 행복하지 않을까요?

✦ 적성에 맞는 일도 24시간 즐겁지만은 않다

창작이 아니더라도 무언가를 이뤄가는 과정 자체는 괴로운 일일 수 있습니다. 천재 작곡가인 히사이시 조도 창작의 과정은 고통이었다고 했습니다. 하지만 그 결실이 모든 고생과 노고를 보상해 줄 정도로 강렬하다면, 우리는 다시 앞으로 나아갈 수 있을 것입니다. 그리고 또다시 똑같은 고민과 괴로움을 겪더라도 이겨내는 힘을 갖게 됩니다.

어떤 사람들은 적성에 맞는 일을 찾으면, 일할 때마다 행복하고 24시간 즐거울 것이라고 착각하기도 합니다. 하지만 어떤 일을 하더라도 분명히 괴로운 시간은 있습니다. 그러니 당장 괴로워서 자기 적성에 맞지 않는다고 포기하면 안 됩니다. 한 번은 끝까지 가봐야 정말 자기 적성에 맞는지 아닌지 알 수 있습니다. 무언가를 완성하고 성취감을 느낄 때, 그 느낌을 위해 평생을 살 수 있다면 그것은 적성에 맞는 일입니다. 그러니 지금 하는 그 일이 공부이든 다른 일이든 적어도 한 번은 끝까지 가보길 바랍니다.

Tipping point

- 무언가를 이뤄가는 과정 자체는 힘들지만 결과물을 보고 커다란 성취감과 행복감을 느낀다면 적성에 맞는 일이다.
- 지금 하는 일이 무엇이든 끝까지 가봐야 적성에 맞는 일인지 알 수 있다.

직업의 빛과 그림자

"회사 때려치우고 카페나 펜션이나 하고 싶다!"

예전에 직장인들은 직장에서 스트레스를 많이 받으면 이런 말을 많이 했습니다. 그런데 왜 하필 카페나 펜션이었을까요? 여행 갈 때만 들렀던 펜션은 항상 좋은 기억이 있었을 테고, 또 휴양지에서 방을 빌려주고 청소만 하면 되는 것 같으니 여유로워 보입니다. 카페도 커피와 디저트만 내주면 되니 많이 어려운 일이 없을 것 같습니다. 하지만 그건 어디까지나 우리가 겉으로 본 모습이고, 직접 펜션이나 카페를 운영해 보면 생각과는 다를 것입니다.

카페는 오픈 준비 시간을 포함해서 하루 12시간 이상 가게에서 일해야 하니 마냥 즐거울 수만은 없을 것이고, 펜션 역시 손님들의 까다로운 요구 사항과 청소의 난이도가 상당하다고 하니 쉬운 일이라고 할 수 없습니다.

요즘은 웹툰 작가를 꿈꾸는 학생들도 많습니다. 물론 인기 작가가 된다면 연예인처럼 유명해지기도 합니다. 그런데 마감 일정이나 많은 작업 분량 때문에 하루 10시간 이상씩 일하는 작가들도 많다고 합니다. 손목이나 목에 통증이 생겨서 버는 돈보다 병원비가 더 많이 나온다는 우스갯소리도 나온답니다. 아무리 만화 그리는 걸 좋아한다고 해도 이런 것까지 견뎌낼 수 있을까요?

저 역시 회사에 다니다가 이직을 고려한 적이 있었습니다. 전 세계를 무대로 일하는 것도 제가 원하는 삶 중 하나여서 그런 회사로 가보고 싶다고 생각했습니다. 그래서 이직하고 싶은 회사에 다니는 대학교 선배를 만나 이야기를 나눴습니다. 외국계 무역 회사였는데, 영업하려면 술을 정말 많이 마셔야 하며, 그래서 40대가 되면 간이 멀쩡한 직원이 거의 없다는 말을 듣고 충격을 받아 생각을 접었습니다. 아무리 전 세계를 무대로 살아가는 게 멋져 보여도, 제 건강과 바꾸고 싶은 마음은 없었기 때문입니다.

처음에는 보통 그 직업이 갖는 화려함이나 여유로움을 보고 환상에 젖습니다. 그러나 빛이 있으면 늘 그림자가 따라오기 마련입니다. 그러니 흥미가 있는 분야가 있다면 해당 직업의 현실적인 업무 환경이나 어두운 부분도 고려해야 합니다. 그 분야에서 성공한 사람이나 미디어가 보여주는 환상에만 젖어 직업을 선택한다면, 나중에 실망할 수밖에 없습니다. 이런 부분은 실제 그 분야에서 일하는 사람들의 이야기를 많이 들어보는 게 가장 도움이 됩니다. 그런데 이것도 사람마다 생각이 모두 다를 수 있으니, 한 사람의 이야기만 듣기보다는 최대한 여러 사람의 의견을 들어보는 게 좋습니다.

사실 현직자들은 대부분 자기 분야나 회사가 힘들다고 말합니다. 소득이 적어서, 근무 시간이 길어서, 이상한 손님이 많아서, 전망이 불투명해서 등 이유를 대자면 모두 다르겠지만 어디든 자기 분야가 유망하고 좋은 점만 있다고 자신 있게 말하는 사람은 그리 많지 않습니다.

✦ 선택했다면 끝까지 도전하자

우리는 어떤 일이든 밝은 면과 어두운 면이 공존한다는 사실을 인정해야 합니다. 자기가 선택할 직업이라고 너무 장밋빛 미래만 그리지도, 너무 부정적인 부분만 볼 필요도 없습니다. 직업을 선택할 때 많은 사람이 열정을 강조하지만, 때로는 냉정하게 바라봐야 진짜 확신이 생길 수 있습니다.

자기가 꿈꾸는 직업의 장단점을 최대한 객관적으로 살펴본 후에도 여전히 하고 싶은 마음이 있다면, 그때야말로 이 일을 진로로 선택할 순간입니다. 그리고 가장 중요한 건 자기 확신을 바탕으로 끝까지 밀고 나가는 것입니다. 어떠한 어려움이 예상되더라도 자기만의 강점을 발휘하여 승부를 보겠다던가, 돈을 조금 적게 벌더라도 정말 좋아하는 일을 해보겠다던가, 이처럼 자기만의 가치관과 방향성이 확고하다면 다른 사람의 말에도 흔들리지 않고 자신이 꿈꾸는 대로 나아갈 수 있습니다.

 Tipping point

- 어떤 직업이든 좋은 점이 있다면 안 좋은 점도 있다.
- 열정만으로 판단하기보다는 때로는 냉정하게 장단점을 분석해보자.
- 장단점을 모두 알고 나서도 하고 싶은 일이 있다면 자기 확신을 바탕으로 끝까지 도전하자.

꾸준히 변화하는 직업의 가치

수십 년 전만 하더라도 작가나 만화가는 돈을 못 버는 직업이라는 이미지가 강했습니다. 가난하게 살아갈 각오를 하고 시작해야 하는 직업이었습니다. 그런데 요즘에는 잘나가는 웹소설이나 웹툰 작가의 경우 웬만한 직장인들보다 소득이 훨씬 높아 최근에 인식이 완전히 바뀐 직업입니다.

예전에는 한 번에 많이 먹는 대식가이거나 이상한 곤충을 채집하는 사람 등은 '세상에 이런 일이'라는 TV 프로그램에 한 번 출연하는 것만으로 만족해야 했습니다. 남들과 다른 특이한 취미나 활동은 한 마디로 쓸데없는 재능이란 인식이 강했습니다. 하지만 지금은 남들과 다른 자신만의 취미나 능력 혹은 매력이 있다면

SNS나 유튜브 채널을 통해 전 세계에 알릴 수 있으며, 또 엄청난 인기를 얻을 수도 있습니다. 지금은 누구나 아는 대기업인 카카오도 초창기에는 작은 회사로 시작했습니다. 당시에는 카카오에 취직하는 것보다 돈을 더 잘 벌고 규모도 컸던 10대 대기업에 취직한 사람을 더 부러워했습니다. 하지만 10년 만에 취업 준비생들이 취업하고 싶은 기업 순위는 완전히 뒤바뀌고 말았습니다. 최근 공무원이라는 직업의 인기가 식은 것도 마찬가지입니다. 한때는 9급 공무원에 합격하는 것이 사법시험(로스쿨이 생기기 전 변호사가 되기 위해 보는 시험)보다 어렵다는 말이 있을 정도로 경쟁이 치열했지만, 불과 10여 년 만에 바뀌었습니다.

현재의 가치가 미래에도 똑같이 이어질 것이라는 보장은 없습니다. 그러니 현재를 사는 사람들이 선호하는 기준에 따라 미래 직업을 판단한다면 자신이 바라던 것과 완전히 다른 결과가 나올 수 있습니다. 미래가 어떻게 변할지는 그 누구도 정확하게 예측하기 어렵습니다. 하지만 크게 변하지 않는 요소들을 중심으로 판단한다면 그 오차를 줄일 수 있습니다.

✧◈ 직업이 가진 본질에 주목하자

만화책과 웹툰의 공통점은 무엇일까요? 만화책이 웹툰으로 발전된 건 인터넷의 발달과 관련이 있습니다. 형태가 달라지긴 했어도 결국 '그림'을 중심으로 '재미'를 추구한다는 본질은 변하지 않았습니다. 앞으로는 그림을 그리는 AI가 웹툰도 그릴 수 있다고 하는데, 그러면 AI가 그림 그리는 걸 도와주거나 채색하는 일을 대신할지도 모릅니다. 하지만 본질적인 '재미'를 표현하는 건 작가의 몫입니다. 어떤 스토리 전개가 가장 매력적일지, 어떤 구도로 그림을 구성해야 재미를 극대화할지를 결정하는 건 AI가 아닌 인간의 일입니다. 그러니 단지 '그림'만 잘 그리는 게 아닌 이러한 '재미'를 줄 수 있는 사람이라면, 미래가 어떻게 바뀌든 살아남을 수 있다고 믿습니다.

마찬가지로 특정한 음식이나 디저트를 전문적으로 파는 가게들도 유행을 따라 생겼다가 사라지곤 합니다. 그런데 '맛'을 추구하는 사람들의 본질은 앞으로도 변하지 않습니다. 쉽게 질리지 않으면서 맛있는 음식을 만드는 요리사라면 미래의 변화도 두려워할 필요가 없습니다.

✦ 세상의 큰 흐름을 따라가자

공무원이라는 직업의 인기가 예전보다 시들해진 이유는 일반 기업에 비해 월급이 낮고 가장 큰 메리트였던 공무원 연금도 줄고 있기 때문입니다. 사람들이 직업을 선택할 때 돈의 가치를 점점 중요하게 여기는 게 세상의 큰 흐름입니다. 선생님이 되려면 가야 하는 교대의 인기가 갑자기 줄어든 것도 마찬가지입니다. 우리나라는 저출산이 심화하면서 학령인구도 꾸준히 감소하는 추세입니다. 이러한 흐름을 미리 고려한다면 초등학교 선생님의 수요도 줄 것을 예측할 수 있습니다. 이렇게 세상이 변하는 큰 흐름과 선택하고자 하는 직업을 연결 지어 생각해 보면, 미래에 대한 힌트를 얻을 수 있습니다.

세상에 없던 것을 새롭게 만들어 내는 분야나 그 분야에서 선두에 선 회사라면 주목해 볼 만하다고 생각합니다. 하지만 혁신적인 회사가 아직 충분히 성장하지 않았을 때는 사실 어떻게 될지 정확히 알 수는 없습니다. 잠깐 인기를 끌며 성장하다가 사그라들 수도 있기 때문입니다. 새롭게 성장하는 분야에서 일한다는 것은 그만큼 안정적이지 않을 수 있으나, 계속 도전하면서 함께 성장한다는 보람이 있습니다. 그리고 그 분야에서 정말 세상을 뒤바꿀 만큼의 결과를 보인다면, 나에게 오는 보상도 클 것입니다.

미래는 그 누구라도 정확하게 예측할 수 없습니다. 그런데 현대를 살아가는 사람들은 직업에 현재의 가치를 너무 크게 반영합니다. 이 이야기를 다른 쪽으로 비유해 봅시다. 국물이 담긴 냄비가 끓고 있습니다. 조금 있으면 냄비가 끓어 국물이 넘칠 게 뻔한데도 사람들은 냄비 속 국물이 진짜 흘러넘치기 전까지 가만히 있습니다. 아직은 가득 차 있기 때문입니다. 하지만 잠시 후 흘러넘치면 그제야 냄비가 작았다는 둥, 내용물이 너무 많았다는 둥 지금까지와 다른 평가를 시작합니다.

이와 마찬가지로, 시간이 조금만 흘러도 직업에 대한 평가는 금세 뒤바뀌곤 합니다. 그러니 직업의 본질과 세상의 큰 흐름을 보았을 때 확신이 드는 일, 자기가 정말 해보고 싶은 일이 있다면 포기하지 않기를 바랍니다. 반대로 별로 끌리지 않는데도 세상의 평가가 좋다는 이유만으로 그 직업을 선택하지 않았으면 합니다. 적어도 자기 확신을 기준으로 선택했다면, 뒤늦게 그 선택을 후회하지 않을 것이기 때문입니다.

 Tipping point

- **직업이 갖는 본질에 주목한다.**
  - ➡ 직업의 형태는 조금씩 바뀌더라도 본질은 바뀌지 않는다.
- **세상의 큰 흐름을 생각해 본다.**
  - ➡ 세상이 흘러가는 방향과 내가 관심 있는 직업을 연결 지어 생각해 본다.
- **현재를 중심으로 판단하는 사람들의 평가에 너무 연연하지 않는다.**
  - ➡ 직업을 고를 때는 10년 후, 20년 후를 생각해 본다.

삶의 롤모델을 찾는 방법

가끔 보면 완벽해 보이는 사람의 흠집을 찾아내는 걸 즐겨 하는 사람이 있습니다. 'OO은 다른 건 다 좋은 데 OO가 문제야.' 이런 식으로 말입니다. 혹은 아예 어떻게든 단점만 찾아다니는 하이에나 같은 사람들도 있습니다. 두 가지 모두 사람의 단점에만 주목하는 행동입니다.

저도 부끄럽지만 한때는 그런 사람들과 똑같이 행동했습니다. 어쩌면 완벽해 보이는 사람도 다 똑같은 인간임을 확인하고 싶었는지도 모르겠습니다. 마음속 깊은 곳에 그 사람에 대한 질투심이나 시기심이 있었기 때문일지도 모르겠습니다.

그러면서도 그와 반대로 이상적인 사람, 롤모델 같은 사람을 찾아다녔습니다. 아무리 단점을 찾으려 해도 찾을 수 없는 완전무결한 사람을 말입니다. 인생의 롤모델을 찾아보기도 하고, 직장을 다닐 때는 직장 생활의 롤모델을 찾아다녔으며, 한의대에 다니는 동안에는 롤모델로 삼을 한의사를 찾아보기도 했습니다.

그렇게 롤모델을 찾아다니다 보면 어느 순간 마음에 드는 사람이 나타나곤 합니다. 그래서 그 사람에 대해 좀 더 알아가면 역시나 배울 점이 많고 롤모델로 적당하다는 생각이 듭니다. 그런데 이상하게도, 시간이 흐르다 보면 꼭 그 사람의 단점이 하나둘 보이기 시작합니다. 결국은 이런 사람을 롤모델로 삼기에는 뭔가 아쉽다는 생각으로 마음을 바꾸곤 합니다.

마치 누군가와 사랑에 빠지는 과정과도 비슷합니다. 처음에 반했을 때는 그 사람의 장점만 보이고 모든 면이 좋게만 느껴지지만, 콩깍지가 벗겨지는 순간이 찾아오고야 맙니다. 사귀는 기간이 길어질수록 상대방에게 보이지 않던 단점들이 더 잘 보이기 시작합니다.

하지만 세상에 완벽한 사람은 없습니다. 롤모델이라는 것 자체가 이상적인 사람을 찾으려는 것인데, 세상에 단점이 없는 사람이 존재할까요? 자신이 꿈에 그리던 완벽한 이상형과 사귀는 사람이 드문 것처럼, 완벽한 롤모델이란 어쩌면 세상에 존재하지 않을지도 모릅니다.

✦ 사람을 바라보는 방식을 바꾸자

그 사실을 깨닫고 나서부터 사람들을 보는 방식을 바꾸었습니다. 어차피 단점은 누구에게나 있는 것이고, 단점을 알아낸다고 해서 저에게 좋은 점은 하나도 없습니다. 그래서 사람들의 장점에 더 주목하는 습관을 갖게 되었습니다. 그러자 정말 많은 긍정적인 변화가 나타나기 시작했습니다.

사실 한의사 일을 하면서 작가로도 활동하고 싶은 욕심이 있습니다. 어떤 사람들은 이렇게 두 가지 일을 하면 집중도 되지 않고, 두 가지 다 잘하기가 어렵다고 했습니다. 하물며 오로지 한 가지 일에만 집중할 때 최고의 성과를 낼 수 있다는 자기계발서도 있습니다. 이 시대의 장인이라 불리는 사람들 역시 하나의 일에만 인생을 바치는 경우가 많습니다.

그럴 때 전 일론 머스크를 생각합니다. 일론 머스크는 세계적인 전기차 기업인 테슬라를 경영하며, SNS 플랫폼인 트위터를 인수했습니다. 그 외에도 항공우주 기업인 스페이스X, 뉴럴 링크 등 여러 기업을 모두 경영하며 최고의 성과를 내고 있습니다. 물론 하루 대다수 시간을 일하는 데 쓰는 일 중독자이자 머리가 비상한 천재이기도 하지만, 그가 업무 처리하는 방식을 살펴보면 굉장히 효율적입니다. 그런 일 처리 능력을 배운다면 일론 머스크처럼 다섯 가지는 아니더라도 두 가지 일에서는 모두 우수한 성과를 낼 수 있겠다는 자신감이 듭니다.

일론 머스크의 괴짜다운 면이나 신뢰할 수 없는 언행 등 단점에만 주목해서 그를 깎아내리는 데 혈안인 사람들도 있습니다. 하지만 그를 깎아내린다고 해서 내 능력이 좋아지진 않습니다. 누군가의 단점은 단점대로 놔두고, 그의 장점에만 주목해서 배울 점들을 본받는 게 훨씬 현명합니다.

그뿐만 아니라 요즘 인기 있는 아이돌들을 보면 배울 점이 참 많습니다. 긴 연습생 시절을, 데뷔한다는 보장도 없이 하루 10시간 이상씩 춤 연습에 몰두하면서 이겨냅니다. K-POP이 세계적인 인기를 끌면서 노래나 춤은 기본이고 외국어도 어쩜 그렇게 빨리 익히는지 모르겠습니다. 이렇게 열심히 꿈을 향해 나아가는 모습은 저보다 나이가 어리다고 해도 정말이지 본받을 만합니다. 가끔 보면 아이돌들이 기획사에서 정한 콘셉트에 따라 시키는 대로 연습하도록 만들어졌기 때문에 진짜 아티스트는 아니라는 의견도 있습니다. 또 그들의 언행이 가끔 문제가 되거나 상식 이하의 발언을 해서 논란을 일으키기도 합니다. 하지만 그런 단점에 너무 크게 신경 쓸 필요는 없다고 생각합니다. 우리는 그들에게서 배울 점에만 집중하면 되기 때문입니다.

이렇게 누군가의 장점에만 주목하는 습관이 생기면 세상 모든 사람이 롤모델이 될 수 있습니다. 공자는 '세 사람이 길을 가면 그 중 반드시 내 스승이 있다三人行 必有我師焉, 삼인행 필유아사언'라고 말했습니다.

그중에 선한 사람을 가려서는 본받고, 선하지 못한 사람을 보고는 자신의 잘못을 고치라고 했습니다. 공자의 말처럼 우리가 만나는 누구한테나 배울 점이 한 가지 이상은 있다는 것을 명심합니다.

아직 인생의 롤모델이 없다면 꼭 롤모델을 한 명으로 정하기보다는 여러 명을 만들어 보기를 바랍니다. 이 부분에서는 이 사람이, 저 부분에서는 저 사람이 롤모델이 될 수 있습니다. 그렇게 롤모델이 여럿 생긴다면 자기가 하는 일에 좀 더 용기와 확신을 가질 수도 있고 선택한 일을 끝까지 해나갈 힘이 되어줄 수도 있을 것입니다.

 Tipping point

- 세상에 완벽한 사람은 없듯이 완벽한 롤모델도 찾기 어렵다.
- 사람들의 장점에만 주목한다면 롤모델이 보이기 시작한다.
- 한 명의 롤모델을 만들기보다는 여러 명을 만들어 그들의 장점을 본받는다.
  ➡ 예시) 항상 도전하는 자세를 지닌 세계 여행 유튜버 OOO, 항상 긍정적인 마음을 지닌 연예인 OOO, 끝까지 주어진 목표를 완수하는 독기를 지닌 인강 강사 OOO.
  ➡ 롤모델이 생기면 하는 일이나 추구하는 삶에 용기와 힘을 얻을 수 있다.

인공지능
세상을 살아가려면

앞으로는 인공지능이 우리 삶의 많은 부분을 바꾸어 놓을 것입니다. 지금 하고 싶은 직업이 미래에는 사라질 수도 있는 일입니다. 인공지능으로 대체되지 않는 직업을 선택하려면 어떻게 준비해야 할까요? 제가 미래를 예견할 수는 없지만, 진로에 대해 누구보다 많이 고민했던 사람으로서 한번 이야기해보겠습니다.

인공지능은 방대한 지식과 정보를 빠르고 정확하게 보여줄 수 있습니다. 그런 인공지능을 이기기 위해 다방면의 지식을 열심히 암기하는 사람이 있다고 해봅시다. 하지만 아무리 노력해도 인간이 인공지능을 이길 가능성은 없습니다. 이처럼 단순히 암기하는 지식은 인공지능에 의해 가장 먼저 대체될 부분입니다. 그렇다면 인공지능이 대신할 수 없는 분야는 무엇일까요?

첫째, 직접 경험할 수 없다

인공지능은 인간의 경험을 대신할 수 없습니다. 저 역시 이 책 속에 제가 겪어온 인생의 수많은 경험을 녹였습니다. 그러한 경험을 바탕으로, 제가 전하고자 하는 이야기의 설득력을 높이고 있습니다. 인공지능은 저와 비슷한 주제의 말을 할 수는 있어도 자신이 직접 경험한 것을 근거로 들 수는 없습니다.

우리는 이미 수많은 정보의 홍수 속에 살고 있습니다. 굳이 인공지능이 등장하지 않았다고 해도 말입니다. 너무 많은 정보가 쏟아지다 보니 사람들은 아무 말에나 쉽게 주목하지 않습니다. 세상에는 조회 수가 열 건도 되지 않는 유튜브 동영상이나 블로그 글들도 넘쳐납니다. 그렇다면 단순한 정보가 아니라 사람들의 마음을 끌어당길 수 있는 정보를 전달해야 합니다. 결국 자기 경험을 바탕으로 형성된 철학이나 생각이 명확한 사람이 미래에도 주목받을 가능성이 큽니다.

이러한 능력을 키우려면 무엇보다 많은 것을 경험해야 합니다. 귀가 닳도록 다양한 경험을 쌓으라고 말하는 이유가 바로 이것입니다. 다양한 경험은 인공지능이 절대 흉내 낼 수 없는 부분이기 때문에 미래 사회에서 점점 중요해질 것입니다.

둘째, 스스로 결정을 내리지 못한다

인공지능은 우리가 원하는 명령이나 지시를 내리면, 그 일을 누구보다 빨리 수행해 낼 수 있습니다. 하지만 스스로 어떤 행위를 할지는 아직 결정하지 못합니다. 결국 인공지능을 잘 다루기 위해서는 인간이 주도적으로 원하는 바를 지시할 수 있어야 합니다. 이러한 능력의 밑바탕에는 깊은 사고력과 관리 능력, 기획력, 창의력 등이 필요합니다. 이 또한 마찬가지로 인공지능이 잘 흉내 낼수 없는 부분입니다. 그렇다면 인간이 이러한 능력을 키우기 위해서는 다양한 분야의 전문 서적과 문학 작품을 읽고 영화를 보며예술 작품을 감상하는 일 등이 도움이 됩니다.

고차원적인 사고를 위해서는 그만큼 읽는 책도 전문성이 있고 깊이가 있어야 합니다. 또한 문학이나 예술 작품을 감상할 때도 수동적으로 주어진 감상평만 보지 말고 새로운 이야기를 떠올려보거나 영감을 얻는 습관을 들이는 게 중요합니다. 결국 인간이 아주 오래전부터 해온 독서와 예술이 인간을 더 인간답게 만들어주는 요소가 될 것입니다.

셋째, 공감하지 못한다

인간은 인공지능과 달리 다른 사람의 감정을 공감하고 이해할 수 있습니다. 인공지능을 뛰어넘기 위해 더 차가운 인간이 되려는 것은 어리석은 행동입니다. 아무리 감정을 없애려고 해도 인공지능보다 냉정할 수는 없기 때문입니다. 반대로 더욱 인간답게 따뜻한 감성을 지니는 점은 강점이 될 것입니다. 사람들과 잘 소통할 수 있을 뿐만 아니라 사람 사이의 갈등을 해결하는 능력도 갖춘다면 금상첨화입니다. 심리 상담과 같은 분야뿐만 아니라 다른 직업에서도 감성적인 접근이 필요할 것입니다.

다양한 경험을 쌓으며 독서와 예술을 즐기는 행동은 인간만이 할 수 있는 것들입니다. 또한 다른 사람들과 진정성 있게 소통하고 감정을 교류하는 것도 마찬가지입니다. 누군가는 이런 말을 할지도 모릅니다. 인공지능이 결국 자기 생각을 지니게 되고, 겉모습도 인간처럼 변하면 어떡하냐고 말입니다. 먼 미래에는 정말 그런 날이 찾아올 수도 있습니다. 그런데 지금 단계에서 먼 미래를 걱정한다고 대비할 수 있는 것은 많지 않습니다.

당장은 인간을 가장 인간답게 만드는 것들에 집중하는 게 중요합니다. 그리고 인공지능에 의지하는 게 아닌 인공지능을 잘 활용하려고 노력해야 합니다. 이를 위해서는 영상보다는 책을, 짧은 글보다는 긴 내용이 담긴 책을 읽는 활동이 도움 됩니다. 또한, 나 혼자 세상을 살아간다는 마음보다 가족과 친구의 마음을 잘 이해하고 공감하려는 노력이 중요합니다. 결국 인간의 본질은 지금까지 하나도 변하지 않았습니다. 어쩌면 우리에게는 당연해 보이는 행동들이 인간을 가장 인간답게 만들어 주기 때문입니다.

 Tipping point

- 인공지능을 이기려 하기보다는 우리가 더욱 인간다워야 한다.
- **인공지능 세상을 살기 위해 준비해야 할 것들**
  (1) 다양한 경험 쌓기 : 새로운 일들을 두려워하지 말고 인간만이 할 수 있는 경험을 쌓아간다.
  (2) 두껍고 어려운 책이라고 멀리하지 않기 : 영상만 봐서는 깊게 사고하는 습관이 생기기 어렵다. 짧은 글도 좋지만 긴 내용이 담긴 책도 읽자.
  (3) 문학, 영화, 예술 작품 감상하기 : 단지 수동적인 감상이 아닌 나만의 상상을 덧붙이고 해석하면서 창의력과 상상력을 키운다.
  (4) 가족, 친구 등 주변 사람과 잘 지내기 : 기쁜 일이나 슬픈 일이 있으면 적극적으로 나누고, 서로 갈등이 생기면 주도해서 잘 화해한다.

3장

공부를
잘하고 싶어요

– 성적은 어떻게 올릴까?

공부법을 진짜
내 것으로 만드는 비법

지금도 해마다 새로운 공부법 책이 수십 권씩 출간되고 있습니다. 하지만 세상에 없던 새로운 공부 방식이 계속 생겨난다기보다는 예전부터 알려진 공부법들이 조금씩 변형이 되거나 과학적인 이론으로 뒷받침되어 다시 알려지는 것일 뿐입니다. 간혹 참신한 방법이 나오기도 하지만 그 방식 자체는 거의 비슷합니다.

학생들은 공부법에 큰 관심을 보이며, 혹시 나만 몰랐던 진짜 쉬운 비법이 있지는 않을지 공부법 책을 뒤적이거나 유튜브 영상을 찾아 헤맵니다. 특히 조회 수가 10만 건 정도인 공부 관련 영상들은 대개 한두 가지 이상은 배울 만한 정보가 있거나 가슴을 울리는 메시지를 담고 있습니다. 도움이 되는 유용한 정보를 찾고자

하는 의지만 있다면 얼마든지 찾을 수 있는 세상입니다. 학생들은 이렇게 책이나 영상을 통해 얻은 공부법에 감탄하며, 그대로 따라만 하면 정말 성적이 쑥쑥 오를 것만 같다고 생각합니다. 그런데 이처럼 좋은 공부법이 많은데도 우리는 왜 여전히 공부가 어렵고 힘들까요? 여기에는 크게 두 가지 이유가 있습니다.

첫째, 과도한 정보가 오히려 선택을 방해한다

주변에 넘쳐나는 정보들을 무작위로 접하다 보면 이 사람 말도 맞는 것 같고, 저 사람 말도 옳은 것 같습니다. 마치 대형 쇼핑몰에 가득 걸려 있는 옷을 훑어보듯이 이런저런 공부법들을 쭉 살펴보기만 합니다. '혹시 나만 모르는 더 좋은 공부법이 있지 않을까?' 하면서 말입니다. 하지만 두 시간 동안 쇼핑몰을 거닐다가 아무것도 못 사고 나오는 것처럼, 그 어떤 공부법도 선택하지 못한 채 시간만 보냅니다.

둘째, 공부법을 아는 데서 그치기 때문이다

평소에 공부를 안 하던 학생이 새롭게 공부를 시작한다고 가정해

봅시다. 그 학생은 좋은 방법이 없을까 고민하다가 우선 인터넷이나 책을 통해 공부법을 찾아볼 것입니다. 그러다가 마음에 쏙 드는 공부법을 발견합니다.

예를 들어, 공부한 내용을 친구에게 직접 설명해 보는 오래전부터 전해온 훌륭한 공부법을 따라 하겠다고 결심합니다. 이 공부법은 학습한 내용을 완벽하게 이해해야 친구에게 설명할 수 있으며, 설명하는 과정에서 다시 한번 반복할 수 있어서 복습 효과도 좋은, 누가 봐도 정말 좋은 공부법입니다.

이런 방법을 알게 되면, "그래, 진짜 맞는 말 같아!" 하고 맞장구를 치거나 유튜브 영상에 '좋아요'를 누릅니다. 아직 책은 펴지도 않았는데 왠지 좋은 방법을 알아낸 것만 같아 마음이 뿌듯합니다. 하지만 당장 오늘 저녁에는 친구를 만날 일이 없어 혼자 공부할 수밖에 없는 상황입니다. 그러면 이 학생은 '다음에 친구가 있을 때 해봐야겠다.' 하는 생각만 하고 넘어갑니다. 하지만 생각과는 달리 이 방법을 떠올려 활용할 일은 잘 없습니다.

이처럼 좋은 공부법을 아무리 많이 알아도 당장 실천하지 않으면 아무런 의미가 없습니다. 마치 3개월 전 쇼핑에서 '이 옷 마음에 드는데 살까?'까지 고민했다가 사지 않은 옷을 지금은 떠올리기 힘든 것처럼, 시간이 지난 후 다시 떠올릴 수 있는 공부법은 없습니다. 아무리 좋은 공부법이라도 지금 당장 실천하지 않는다면, 그대로 잊어버립니다.

✦ 공부법은 실천하기 나름이다

혹시라도 "당장 옆에 친구가 없는데 어떻게 하나요?"라고 묻는 학생이 있다면 이렇게 말해주고 싶습니다. 주어진 말 자체보다 본질에 주목하라고 말입니다. 여기서 본질이란 진짜 옆에 친구가 있나 없나가 중요하다기보다는 자기가 학습한 내용을 누군가에게 술술 설명할 수 있느냐입니다. 그렇다면 스마트폰을 책상에 올려두고 공부한 내용을 설명하는 자신을 영상으로 촬영하는 방법은 어떨까요? 굳이 친구가 옆에 없어도 마음만 먹으면 영상을 찍어 친구에게 보여줄 수 있습니다. 촬영한 영상을 다시 한번 보면서 설명이 어색하거나 빠진 부분도 확인할 수 있고, 또 한 번 복습이 되는 효과도 있습니다.

중요한 것은 남이 말하는 방법을 그대로 실천할 수 없을 때 그 방법이 지닌 본질이 무엇인지 생각해 보는 것입니다. 사람들은 보통 당장 그대로 따라 할 수 없다면 포기하거나 잊어버리지만, 그러지 말고 지금 자신의 상황에 맞춰 변형된 형태로라도 실천해보는 게 핵심입니다. 물론 친구가 옆에 앉아 있었다면 더 상세하게 뭐가 부족한지 말해줄 수도 있습니다. 하지만 그렇게 완벽한 상황이란 원래 자주 있지 않습니다. 그러니 지금 최선을 다해서 실천하려는 의지가 중요한 것입니다.

이렇게 매번 새로운 것을 습득할 때마다 직접 실천하는 습관을 지닌 사람과 그렇지 않은 사람의 격차는 단 일 년만 지나도 엄청나게 커집니다. 게다가 영상으로 촬영하다 보면 말솜씨가 점점 늘뿐만 아니라 표정이나 행동도 자연스러워질 수 있습니다. 이런 점은 나중에 발표 수업을 하거나 면접을 볼 때도 도움이 되는, 평생 남는 자기 능력이 됩니다.

공부한 후에 그 내용을 10분 후, 하루 이내, 1주일 이내, 1개월 이내에 복습하는 공부법도 있습니다. 에빙하우스의 망각 곡선을 이용하여 배운 내용을 최대한 잊지 않고 장기기억에 저장하는 방법입니다. 이런 공부법도 말만 들으면 바로 실천할 수 있을 것 같고 아주 좋아 보입니다. 하지만 이런 공부법을 알게 되었다고 잘 기억해 두었다가 하루나 1주일, 심지어 1개월 후에 오늘 공부한 내용을 복습하는 사람은 거의 없습니다.

결국 실천하지 않은 방법은 내 것이 아닙니다. 만약 이런 공부법이 마음에 들었다면 '좋아요'만 누를 게 아니라 어떻게 하면 실천할 수 있을지 그 방법을 고민해 봐야 합니다. 저라면 우선 앱스토어에서 복습 관련 애플리케이션을 찾아볼 것 같습니다. 분명 누군가도 나와 같은 생각을 했을 테고, 복습을 쉽게 하는 애플리케이션을 만들어 두었을 겁니다. 좋은 애플리케이션이 있다면 그걸 활용해서 복습하면 편리합니다. 만약 내가 생각하는 방법이 아직 앱스토어에 없다면, 오히려 더 좋은 기회라고 생각합니다. 이렇게 좋은 공부법을 쉽게 실천할 방법이 세상에 없다는 말이니, 지금 당장이든 대학에 가서든 애플리케이션을 개발해보는 것도 방법입니다. 엄청난 인기를 끌지도 모를 일이니까 말입니다.

무엇보다 단 한 가지 방법이라도 직접 실천해 보는 게 중요합니다. "이거 진짜 좋은 방법이네. 그런데 당장은 못 하겠네."라고 생각할 시간에 본질에 주목하여 바로 할 수 있는 방법을 만들어 내는 것, 이런 작은 습관의 변화가 쌓이면 엄청난 차이를 가져옵니다. 지금 당장 책꽂이에 꽂혀 있는 공부법 책을 꺼내 들거나 공부 관련 유튜브 영상을 검색해 봅니다. 그리고 마음에 드는 방법을 딱 한 가지만 골라서 지금 바로 그 방법을 실천한다면 과거의 나와는 다른, 최고의 공부법을 체득한 내가 되어 있을 것입니다.

Tipping point

- 바로 실천하지 않고 머릿속에 저장만 하는 공부법은 아무 의미가 없다.
- 유튜브나 공부법 책에서 마음에 드는 공부법을 딱 한 가지만 찾아서 바로 실천해 보자.
- 공부법 그 자체보다 방식의 본질을 파악하고, 상황에 맞게 변형해 자기 것으로 익히자.

나 자신부터 사랑하기

우리 주변에는 정말 머리가 좋거나 인내심이 강한 사람들이 있습니다. 정말 머리가 좋은 사람은 남들이 두세 번 봐야 할 걸 한 번만 봐도 이해할 수 있습니다. 제가 서울대에 다닐 때도 이런 친구를 본 적이 있는데, 공부하기에 최적화된 사람들입니다. 하지만 그런 사람들은 정말 소수이며, 오히려 비정상적으로 특수한 경우이니 굳이 신경 쓸 필요는 없습니다.

만약 자신의 머리가 비상하지 않다면 이제는 인내심이라도 강하길 바라봅니다. 그런데 이런 인내심도 타고난 사람들이 있습니다. 온종일 12시간 내내 공부하는 사람이 있는데, 저도 따라 해보려고 했으나 도저히 못 하겠어서 포기했습니다. 이것도 아무나 흉

내 낸다고 할 수 있는 게 아니었습니다.

이렇게 특별한 두 가지 경우를 뺀 나머지 99%가 보통 사람들입니다. 그래서 머리가 나빠서 공부를 못한다고 포기하거나, 인내심이 없어 책상 앞에 오래 못 앉아 있다고 포기할 필요가 없습니다. 다들 두뇌 능력과 인내심은 엇비슷하기 때문입니다. 또 꼭 저렇게 특이하게 뛰어나지 않아도 누구든지 공부를 잘할 수 있으니 지레 포기하지 않길 바랍니다.

정말 사랑하는 사람이 있다면 어떤 행동을 할까요? 그 사람이 가장 좋아하는 음식은 무엇이고, 취미는 무엇이며, 언제 가장 기뻐하고 행복해하는지 그 사람에 대한 사소한 것까지 모든 게 궁금할 것입니다. 마찬가지로 공부할 때는 자신을 그렇게 아끼고 사랑해 봅니다. '내 친구 A는 하루 12시간도 공부한다는데 너는 고작 3시간도 못 앉아 있냐!' 하며 스스로 꾸짖는다고 공부를 잘하게 되는 건 아닙니다. 난 그렇게 할 수 없는데 억지로 밀어붙인다면 오늘 하루는 12시간을 할 수 있을지 몰라도, 그 뒤로 너무 질려 버려서 이틀 동안은 아무것도 하기 싫어질 수도 있습니다.

✦ 내 공부 체력을 알고 있자

헬스할 때도 초보자가 욕심껏 무거운 중량부터 들기 시작하면 몸을 다치기 쉽습니다. 마라톤할 때도 초반에 무리하면 나중에 지쳐서 완주하지 못하는 것처럼 말입니다. 당장 공부에 집중할 수 있는 최대 시간은 사람마다 다를 수 있습니다. 정확한 자기 공부 체력을 모른 채 무작정 의욕만 앞선다면 오히려 쉽게 지칠 것입니다. 그러니 자신이 하루 몇 시간 정도 공부했을 때 매일 꾸준히 할 수 있는지 알아봅니다. 결국 공부든 뭐든 꾸준함을 이길 수 있는 것은 없기 때문입니다.

자신의 공부 체력은 무리하게 길게 잡을 필요도 없고, 놀고 싶어서 자신을 속이고 아주 짧게 잡아서도 안 됩니다. 솔직하게 정한 공부 시간을 일주일 정도는 꾸준히 유지해 봅니다. 어느 정도 잘 지켜진다면 그다음 단계로 공부 시간을 늘립니다. 이때도 한 번에 큰 폭으로 늘리기보다는 하루 30분이나 1시간씩 조금씩 늘려나가는 게 좋답니다.

✧✦ 내 공부 패턴을 분석해 보자

'뽀모도로 공부법'이란 25분간 집중해서 공부하고 5분간 휴식을 취한 후에 다시 25분간 공부하고 5분간 휴식을 반복하는 식으로 공부하는 방법입니다. 이 공부법은 짧게는 집중력을 유지하고 쉬었다가 다시 집중하게 만들어서 높은 학습 효과를 지닌 것으로 유명합니다. 이처럼 유명한 공부법을 들으면 자기를 무조건 이 방식에 맞추려고 생각할 수 있습니다. 하지만 어떤 공부법이든 무조건 맞출 필요는 없으며, 그것보다 중요한 게 바로 나 자신입니다.

실제로 해보니 20분 공부하고 10분씩 쉬는 게 더 적당하다면 이렇게 시간을 조정할 수 있습니다. 하지만 이렇게 기계적으로 적용하는 게 공부 흐름을 깰 수도 있습니다. 그렇다면 한 단원을 마칠 때마다 10분씩 쉬겠다고 방법을 바꾸어도 됩니다. 마치 내가 좋아하는 사람에게 어떻게 해주면 가장 기뻐할까 고민하는 것처럼 나 자신이 어떻게 하면 가장 잘 집중할 수 있을까를 끊임없이 고민해 봅니다.

내가 공부할 때 잘 집중하지 못하는 이유가 금방 지루함을 느껴서인지, 자꾸 딴생각이 나서인지, 다른 재밌는 것이 있어서인지 정확히 잘 알아야 합니다. 그리고 그것을 극복하는 방법을 계속 고민해 봐야 합니다. 공부하다가 자꾸 멈추면 왜 멈췄는지 그 이유를 돌이켜봅니다. 예를 들어 낮에 여기저기 돌아다녔기 때문에 피곤해서 그랬다고 가정해 봅니다. 잘 생각해 보니 2시간 이상 돌아다닌 날에는 저녁에 항상 졸리고 집중이 안 되었다면, 앞으로는 그보다 적게 돌아다녀야 합니다. 친구들과 신나게 웃고 떠들며 놀고 온 날에는 들뜬 기분이 진정이 잘 안 되었다면, 그렇게 웃으면서 노는 시간을 줄이거나 없애야 합니다. 다른 무엇보다 최우선 순위를 공부로 두고 나머지 행위들을 그에 맞춰 나갑니다.

오늘따라 공부가 유난히 잘된다면 그냥 공부만 하는 게 아니라 잘 되는 이유가 무엇인지를 생각해 보는 게 좋습니다. 이 과목이 유난히 재밌어서 그런 건지 아니면 어떤 행위를 했거나 특정한 감정이 생겨서 그런 건지 기록하고 분석해봅니다. 그러면 또다시 오늘처럼 집중이 잘 되는 환경을 스스로 능동적으로 만들어 낼 수 있습니다. 결국 나를 가장 잘 아는 건 나 자신입니다. 나에 대한 공부 패턴 분석 보고서를 쓴다는 마음으로 하나하나 기록하다 보면, 나를 달래고 어루만져서 공부에 잘 집중하는 최적의 방법을 찾을 수 있습니다.

 Tipping point

- 자기 공부 체력을 알고 그에 맞춰 공부 계획을 세운다.
  - ➡ 매일 꾸준히 할 수 있는 하루 공부 시간을 정한다.
  - ➡ 그 시간에 맞춰 꾸준히 공부하다가 조금씩 공부 시간을 늘려 본다.
- 자기를 알아가기 위해 '공부 패턴 분석 보고서'를 쓴다.
  - (1) 오늘 집중이 잘 된 이유는 무엇일까?
  - (2) 오늘 공부하기가 싫었던 이유는 무엇일까?
  - (3) 몇 시쯤이 가장 공부가 잘 되었나? (아침, 점심, 저녁 별로 공부한 과목과 집중한 정도)
- 공부가 잘 되거나 안 된 이유를 자기 전에 분석해본다. 이러한 분석을 통해 집중이 잘 되는 시간을 점차 늘려나간다.

안 하면 못 배기는 공부 루틴 만들기

　매일 자기 전에 양치하는 건 많은 사람이 따르는 습관입니다. 아직 습관이 되지 않은 어린이를 제외한다면 양치하는 걸 깜박 잊고 자는 사람은 잘 없습니다. 저 역시 잘 시간이 되면 항상 떠오르는 생각이 '양치했나?'입니다. 이미 그 습관이 몸에 완전히 배었기 때문입니다.

　예를 들어 건강하던 사람이 어느 날부터 꾸준히 약을 챙겨 먹어야 한다고 생각해 봅시다. 특히 증상이 크게 심하지 않아 자신이 아프다는 사실도 자꾸 잊어버리는 상황입니다. 그 사람은 약을 식후마다 챙겨 먹어야 하지만 매번 잊어버리기 일쑤고, 조금만 바쁜 일이 생기면 약 먹는 일에 소홀해집니다. 그 바람에 잘 챙겨 먹게 되기까지 6개월이라는 시간이 걸렸습니다.

이처럼 무엇이든 새로운 루틴을 만드는 건 쉽지 않은 일입니다. 새해마다 새로운 계획들을 잔뜩 세우고도 일주일을 못 가 포기하는 것 역시 자기 몸에 루틴이 새겨지지 않았기 때문입니다.

아직 공부 습관이 잡히지 않은 학생일수록 의욕을 앞세워 무리하게 공부할 필요가 전혀 없습니다. 어느 날 공부 자극 영상 하나를 보고는 그날 밤새 불태워 잠도 안 자며 공부해봤자 큰 의미가 없습니다. 아무리 많이 공부해도 그게 습관이 되지 않는다면, 결국에는 내일부터 다시 공부를 안 하기 때문입니다.

저는 중요한 시험을 준비하면 가장 먼저 전체적인 계획을 세웁니다. 얼마나 공부해야 시험에 합격할 수 있을지 공부량을 가늠해본 후, 곧바로 매일의 루틴을 계획합니다. 공부 기간이 길어질수록 계획도 무리하지 않게 잡는 편입니다. 중간에 질리거나 포기하고 싶게 만들면 안 되기 때문입니다. 계획이 잘 잡혔다면 남은 것은 실행뿐입니다. 마지막으로 비가 오나 눈이 오나 매일 그 계획대로 꾸준히 해나가는 것입니다. 완전히 나만의 루틴으로 자리 잡으면 해야 할 공부를 다 끝내지 못한 날에는 자기 전에 마음이 불편할 정도로 몸에 익숙해진답니다.

✧◆ 루틴은 긍정적인 변화를 가져온다

중3 때 한창 일본 음악에 빠졌던 적이 있었습니다. 요즘 K-POP이 해외에서도 인기인 것처럼 그 당시에는 J-POP이 외국에서 인기였습니다. 그러다 일본어에 관심이 생겨 독학으로 공부를 시작했습니다. 마침 새해 첫날부터 시작하여 1년 동안 진행되는 일본어 라디오 프로그램이 있었습니다. 돈도 안 들고 좋다는 생각에 매일 새벽 6시부터 30분간 라디오 방송을 들으면서 공부했습니다. 그 당시에는 유튜브도 없었고, 언제든지 무료로 다시 보거나 들을 수 있는 시스템이 없어서 그 방송을 들으려면 어쩔 수 없이 새벽에 일어나야만 했습니다.

그게 처음으로 학교 공부 외에 스스로 만들어 본 루틴이었습니다. 한 달에 두세 번 정도는 라디오를 듣다가 졸기도 했습니다. 살다 보면 늦게 자는 날도 있고, 잠이 안 오는 날도 있으니 피곤했기 때문입니다. 하지만 기특하게도 졸 때 졸더라도 방송을 켜는 것만은 하루도 빼먹지 않았습니다. 1년 내내 방송을 들으며 공부했고, 마침내 1년이 지난 후에는 일본어 실력이 꽤 늘었습니다. 그때의 공부가 바탕이 되어 고등학교 때 청소년 방일 연수단에 선발되었고, 20대 후반에는 입사하지는 않았지만 일본 도쿄에 있는 기업에 채용되기도 했습니다. 이 작은 루틴 하나가 제 삶에 많은 긍정적인 변화를 가져온 셈입니다.

✦ 루틴은 자신과의 약속이다

세상의 다양한 사람을 만나볼수록 느끼는 거지만 공부를 잘한다고 꼭 인생에서 성공하는 건 아닙니다. 그런데 공부를 잘하거나 성공한 사람들에게는 하나의 공통점이 있습니다. 바로 자신만의 루틴을 만들어서 무슨 일이 있어도 꼭 지킨다는 것입니다. 루틴이 잡힌 사람은 오늘 하기로 한 일이 있다면 좀 피곤하더라도 꼭 끝마치고 나서야 쉽니다. 오늘은 가족 모임이 있었으니까, 오늘은 친구 생일이었으니까, 이런 식으로 핑계를 대지 않습니다. 한 번 핑계를 대기 시작하면, 사실 끝도 없이 늘어나기 마련입니다.

여기서 중요한 점은 단 1분이라도 쉽게 생각해서는 안 된다는 것입니다. 2시간 공부하기로 했다면 2시간 1분을 공부해도 되지만, 1시간 59분에서 멈춰서는 안 됩니다. 1분을 우습게 아는 사람은 5분도 우습게 알게 되고 10분, 30분도 우습게 알게 됩니다. 항상 남에게는 관대하더라도 자신과의 약속은 엄격할 필요가 있습니다.

정말 루틴이 몸에 새겨졌다면, 자기 전까지 해야 할 일을 끝내지 않았을 때 마음이 불편해야 합니다. 마치 양치하거나 샤워하는 게 루틴인 사람한테 하지 말고 그냥 자라고 하면 어딘지 찝찝한 것처럼 말입니다. 그날 할 일을 다 끝내야 편하게 잠들 수 있을 때까지 그 루틴을 뼛속까지 새겨야 합니다.

저 역시 지금 이 책을 계획에 맞춰 매일 일정 분량씩 쓰고 있습니다. 만일 이 루틴을 지키지 않는다면 출판사와의 계약 파기가 되므로 손실액을 물어 줘야 합니다. 그게 무서워서라도 루틴을 지킬 수밖에 없습니다. 처음에는 그게 무서워서 쓰기 시작하더라도 계속 쓰다 보면, 안 쓰면 뭔가 허전하고 스스로 찜찜해지는 상태가 된답니다.

혼자서는 도저히 루틴 만드는 게 힘들다면, 최후의 수단을 추천합니다. 자신의 전 재산을 일단 부모님께 맡깁니다. 그리고 앞으로 매일 몇 시간씩 공부할 예정인데, 만약 1년간 지켜지지 않는다면 돈을 다 가지셔도 된다고 말합니다. 그러면 돈이 아까워서라도 일단 책상 앞에 앉기 시작할 것입니다. 그렇게 1년이면 루틴을 완성하기에 충분한 시간입니다. 혼자 힘으로 어렵다면 이렇게라도 시작하는 게 좋습니다. 먼저 네발자전거를 타다가 두발자전거를 타듯이 나중에는 혼자서도 잘할 수 있습니다.

루틴을 잘 지키는 사람은 단지 공부만 잘하는 게 아닙니다. 자기 루틴을 지킨다는 것은 곧 자신과의 약속을 잘 지키는 사람이란 뜻입니다. 그런 사람은 공부뿐만 아니라 다른 무엇을 맡겨도 남들보다 잘 해내는 편입니다. 루틴을 만들 줄 알기 때문에 어떤 과제가 주어지더라도 자신만의 계획에 따라 해나가는 능력이 있기 때문입니다. 그래서 나중에 직장에서도 성공할 가능성이 크고, 자신만의 아이템으로 창업하더라도 잘 해낼 수 있습니다.

여러분은 공부를 통해 원하는 꿈이나 진로에 더 가까워질 수 있는 나이입니다. 하지만 꼭 공부를 잘하는 게 목표가 아니더라도 공부 루틴 만드는 것만으로 인생에 많은 변화를 가져올 것입니다. 오늘부터 한번 시작해 보길 추천합니다. 루틴 만들기를 통해 내가 나중에 뭘 해도 잘 해낼 사람이란 걸 확인할 수 있습니다.

 Tipping point

- 자신만의 루틴을 만들어 잘 지키는 사람은 공부뿐만 아니라 인생에서도 성공할 가능성이 크다.
- 할 일을 마치지 않으면 잠잘 때도 어딘가 불편해야 루틴을 몸에 익힌 거다.
- 오늘부터 바로 나만의 공부 루틴을 하나 만들어 보자.
  ➡ 예시) 아침, 점심, 저녁으로 과목별로 1시간씩 공부하기, 자기 전에 오늘 공부한 내용 복습하는 영상 찍어 보기 등
- 혼자서 루틴 만들기가 정말 어렵다면 다양한 방법을 생각해 보자.
  ➡ 예시) 부모님께 전 재산을 맡기기, SNS에 꾸준히 기록하기 등

현재와 미래, 두 마리 토끼 잡기

이번에는 재미있는 게임을 한 가지 해보겠습니다. 자신의 과거, 현재, 미래 중 무엇이 가장 중요하다고 생각하나요? 이 셋의 중요도 총합을 10이라고 할 때, 각각 얼마씩으로 배분하고 싶은지 생각하는 대로 종이에 적어봅니다. 정해진 답은 없답니다.

✧ 과거의 비중은 가장 낮게 잡자

저는 과거를 1로 잡았습니다. 살다 보면 가끔 추억에 젖는 날도 있고, 오랜 친구를 만나 옛이야기를 나눌 수도 있습니다. 이럴 때는 과거가 참 중요합니다. 그리고 예전에 저지른 실수를 다시 반복하지 않기 위해서도 과거를 돌아볼 필요가 있습니다. 그래도 한 사람의 삶에서 과거의 역할은 크게 보았을 때, 이 정도면 충분하지 않을까 생각합니다.

과거에만 집착하는 사람치고 앞으로 나아가는 사람은 많지 않습니다. 일본에서는 80대 할머니가 게임 앱을 개발하여 화제가 되기도 했고, 우리나라에는 60대에 초등학교에 입학한 할머니들도 있습니다. 이제 은퇴하고 쉬어야 할 나이인 것 같은데 말입니다. 왕년에 중요한 일을 하거나 높은 자리에 계셨던 분들도 대단하지만, 저는 그런 분보다도 60대에 초등학교에 입학하신 할머니께 존경을 표하고 싶습니다. 그만큼 나이에 연연하지 않고 새로운 것을 배우고 미래를 꿈꾸는 게 더 멋진 삶이기 때문입니다.

✧ 현재와 미래의 비중은 시기마다 다르다

현재와 미래의 비중은 어떻게 나누는 게 좋을까요? 현재만 중시하는 삶을 살자니 미래가 걱정되고, 반대로 미래만 중시하자니 현재의 삶이 무미건조하고 지루할 것 같습니다.

그래서 전 현재와 미래의 상대적인 중요도는 딱 하나로 고정된다기보다는 인생의 시기마다 달라진다고 생각합니다. 대입 준비를 하는 고3이나 취업 준비를 하는 년도, 중요한 시험을 앞둔 시기에는 미래의 비중이 훨씬 더 높아진다고 봅니다. 그러니 그에 맞춰 미래 중심으로 생활해야 합니다. 반면 여행 가서 즐겁게 노는 동안에는 미래 비중이 0이 되겠지요? 대학에 막 입학한 신입생 시절에도 현재의 중요도가 더 높아질 것입니다. 반면에 고3인데 친구와 노는 게 무척 즐거워 신나게 놀기만 한다거나 대학 신입생 때부터 미래 걱정에 한숨만 쉬면서 고3 때처럼 공부만 하는 것은 하나도 멋져 보이지 않습니다.

이렇게 현재와 미래의 중요도는 인생의 상황에 따라 달라지기 때문에 스스로 잘 판단해서 행동해야 합니다. 시험 기간에는 신나게 놀다가 시험 전날에만 벼락치기로 공부하는 것은 현재를 더 중시해서 생긴 문제라고 볼 수 있습니다. 사실 현재를 중시하는 것보다 미래를 중요하게 생각하고 대비하는 게 훨씬 더 어렵습니다. 지금의 즐거움을 포기하고 불명확한 미래를 바라보며 노력하는 일이기 때문입니다. 그래서인지 대부분 문제는 현재만 너무 중시해서 생기는 게 많습니다. 지금 하고 싶은 것, 먹고 싶은 것, 보고 싶은 것을 포기하지 못하고 즐거움을 찾다가 다가올 미래의 기회를 놓치기 때문입니다.

⟡ 현재와 미래의 비중의 절대 원칙

우리의 복잡한 인생에서 현재가 중요한 시기는 언제이고, 미래가 중요한 시기는 언제인지 어떻게 판단해야 현명할까요? 매번 상황에 따라 바뀐다면 머리만 더 복잡해질 것 같습니다. 하지만 중요한 원칙 하나만 세우면 전혀 문제없습니다. 항상 미래의 목표와 계획을 먼저 세운 다음, 현재에 집중하는 것입니다. 이 원칙을 절대 깨트리지 않는다면, 현재와 미래를 마법과 같이 모두 챙길 수 있습니다.

우리가 열심히 공부하는 이유는 대부분 미래를 위해서입니다. 그렇다면 미래의 목표와 계획을 먼저 세운다는 규칙에 따라 하루에 공부할 시간이나 분량을 정합니다. 그걸 끝낸 후에만 게임을 하든 유튜브 동영상을 보든 현재를 즐기는 겁니다.

만약 중요한 시험이 6개월 뒤에 있는데, 놀이공원에 가서 온종일 놀아야 할 일이 생겼다고 가정해 봅시다. 그러면 그날은 공부하는 데 있어 하루를 완전히 버리게 되니 미래를 우선한다면 그냥 노는 것을 포기해야 할까요? 그런데 시험이 6개월 뒤니까 아직 여유가 있다는 생각도 들어 매우 아쉽습니다. 이럴 때 저라면 놀이공원에 가기 일주일 전부터 하루에 할 공부를 일곱 등분으로 나눈 다음 매일 조금씩 해둘 것 같습니다. 그러면 정한 공부 분량도 지킬 수 있고, 놀이공원에서도 신나게 놀 수 있습니다. 공부는 뒷전이고 놀이공원에서 놀 생각만 하는 건 현재만을 중시하는 것이니 원칙에 어긋납니다. 놀이공원에 가긴 했는데 제대로 놀지도 못하고 오늘 못한 공부 생각만 하는 것 또한 비효율적인 일입니다. 미래를 걱정하면서 공부를 한 것도 아니고, 현재도 못 즐기니 가장 최악의 결정이랍니다.

✦ 미래를 계획하고 현재에 집중하자

직장에 다니면서 인생 두 번째 수능을 준비할 때 단기 해외 연수를 갈 기회가 있었습니다. 당장 수능이 몇 달 남지 않았는데, 해외 연수를 가면 공부 시간이 많이 줄어들 수밖에 없었습니다. 그렇다고 연수를 포기할 수도 없는 상황이었습니다. 연수를 가기 전에 공부를 미리 더 해두고 싶었지만, 직장과 학업을 병행하다 보니 여유 시간도 없었습니다. 한참을 고민하다가, 해외여행을 가면 항상 공항이나 비행기 안에서 별로 하는 일 없이 흘려버리는 시간이 많다는 게 떠올랐습니다. 그 시간만 잘 활용해도 공부 시간을 꽤 확보할 거 같았습니다. 그래서 공항 안에서 비행기 출발을 기다리거나, 환승하는 공항에서도 수학 문제를 풀었습니다. 8시간이나 비행하는 비행기 안에서도 열심히 문제를 풀었습니다. 비행기 출발이 항공사 사정으로 지연될 때도 짜증을 내기보다는 책을 폈습니다. 이렇게 틈날 때마다 공부하니 연수를 다녀오면서도 평소 공부하는 분량을 채울 수 있었습니다. 그 덕분에 해외에서는 공부 걱정 없이 연수를 즐길 수 있었습니다.

이렇게 미래를 먼저 계획하는 원칙은 단지 공부에만 국한된 이야기가 아닌, 인생 전반에 걸쳐 큰 도움이 되는 행동입니다. 이를테면 돈을 모으고 부자가 되는 과정에서도 이런 원칙은 중요합니다. 만약 나중에 소득이 생긴다면, 먼저 투자하거나 저축할 금액을 계획하는 게 중요합니다. 이게 미래를 위한 일입니다. 그리고 남은 돈으로 현재를 위한 소비를 하면 됩니다. 이와 반대로, 사고 싶은 걸 다 사고 나서 남은 돈을 저축하거나 투자하는 사람 중에 부자가 된 사람은 거의 없습니다. 아니 부자는커녕 패가망신할 가능성이 큽니다.

저의 10대 시절을 돌이켜본다면 미래를 우선하여 계획하는 일은 어느 정도 잘 지켜왔다고 생각합니다. 하지만 현재를 즐기는 건 다소 부족했던 것처럼 보입니다. 미래를 걱정만 하고 행동은 하지 않아 현재를 갉아먹었던 적도 있었습니다. 그래서 나이가 들수록 이 둘 사이의 균형을 잘 잡기 위해 꾸준히 노력하고 있습니다. 다시 한번 강조하지만, 이 원칙은 결코 미래만을 위한 것이 아니란 점을 꼭 기억하기를 바랍니다. 결국 우리는 미래만큼이나 중요한 현재를 살아가야 하는 존재이기 때문입니다.

Tipping point

- 현재와 미래를 모두 챙기는 마법의 원칙 : 미래를 먼저 세팅하고 현재에 집중하기

  ➡ 예시) 하루에 공부하기로 한 분량을 모두 끝냈을 때만 신나게 놀기, 놀러 갈 일이 생기면 미리 공부해두고 놀러 가서는 신나게 즐기기 등

공부와 행복의 상관관계

부모님이 공부하라고 잔소리할 때면 우리는 가끔 이렇게 말하기도 합니다.

"엄마도 공부 못했으면서 왜 나한테만 하라고 해요?"

"아빠는 TV만 보면서 왜 나한테만 공부하라고 해요?"

이런 반응을 보면 공부를 잘하면 뭐가 좋은지 제대로 설명도 안해주고 무작정 공부하라고만 했다는 생각이 듭니다. 누군가를 설득하려면 우선 그런 행동을 했을 때 무엇을 얻을 수 있는지 자세한 설명이 필요합니다.

20대 시절을 돌이켜보면 공부 잘하는 친구들은 확실히 끝까지 잡고 늘어지는 끈기가 강했습니다. 공부에 지친 고등학교 시절을 마치고 대학에 가더라도, 그런 친구들은 마음껏 놀기만 하기보다는 자신이 꿈꾸는 진로를 향해 다시 한번 온 힘을 쏟아붓습니다. 고등학생 때 자신들이 항상 그래왔던 것처럼 말입니다. 공부 잘하는 친구들은 같은 대학에 모이는 경우가 많으니, 알게 모르게 주변 친구들의 영향을 받는 일도 많습니다. 다들 뭔가를 또 열심히 하니까 자기도 다시 열심히 하게 되는 것입니다.

그런데 요즘 사회에는 과거처럼 학벌이 통용되지는 않는다고 생각합니다. 그렇다면 학벌이 갖는 의미는 뭘까요? 유명한 영어 강사인 조정식 씨는 명문대에 가면 좋은 점으로 자신이 똑똑한 사람이라는 걸 딱히 증명하지 않아도 된다고 말했습니다. 저도 이와 비슷합니다. 학벌은 적어도 내가 한때 열심히 노력한 사람이라는 징표가 됩니다. 꼭 취업이 아니더라도 살다 보면 여러 사람 가운데 내가 뽑혀야 할 일이 있습니다. 아르바이트나 기업 주관 행사 혹은 해외봉사단 등 그 형태는 다양하지만 그때 잘 알려진 대학을 나온 학생들은 그 자체만으로 자신이 마음만 먹으면 뭐든 열심히 노력해서 성취하는 사람이란 걸 보여줄 수 있습니다. 반면에 그렇지 않은 학생들은 뭔가 다른 방법으로 자기 능력을 보여야 합니다. 결국 공부를 잘한 게 훨씬 유리하지는 않아도 불리한 점을 없애는 효과는 있습니다.

✦ 공부를 잘하면 선택의 폭이 넓어진다

공부를 잘하면 정말 행복할까요? 제 친구 중에는 공부 잘했던 친구, 그리 잘하지 못했던 친구가 있습니다. 지금 제 또래 나이쯤 되면 가족을 꾸리거나 직업을 갖고 사회에 자리를 잡았을 시점입니다. 그런데 누가 더 행복하다고는 말하기 어렵습니다. 다들 자기가 짊어진 삶의 고민이 있고 또 기쁨이 있는 건 비슷합니다. 소득 수준은 대체로 공부 잘했던 친구들이 평균적으로 높게 형성된 것 같습니다. 상위권 대학에 들어가지 않았더라도 대학에서 공부를 열심히 한 친구들은 평판이 좋은 회사에 들어갔습니다. 그런데 행복이란 것은 소득뿐만 아니라 가족이나 친구와의 관계, 직업 만족도, 취미 활동 등까지 고려해야 하는 거니까 행복이란 감정을 객관적으로 비교한다는 것 자체가 쉽지 않습니다.

그래도 공부 잘했던 사람들이 무언가에 도전해 보려는 경향이 컸습니다. 흔히 생각하기에 아무것도 가진 게 없는 사람이 더 도전을 잘할 것 같지만, 꼭 그렇지만도 않았습니다. 돌연 해외에 나가서 살거나 갑자기 전공과 전혀 상관없는 진로로 바꾼다거나, 새로운 일에 도전하는 데는 자신감이 중요한데, 공부를 끝까지 해본 사람들은 자신을 믿는 경향이 커서인지 이렇게 삶을 바꾸는 데 더 많이 도전했습니다. 이번에도 잘 해낼 수 있을 거라는 믿음이 있기 때문입니다. 한 번의 성공 경험이 이런 용기를 만들어 준 것 같습니다. 반대로 공부 잘한 친구 중에는 새로운 도전보다는 안정적이고 누가 봐도 평온한 삶, 대개 모두가 좋다고 하는 삶을 살아가는 친구들도 많습니다. 어쨌든 공부 잘해서 좋은 점은 자기 삶의 방향에 대한 선택의 폭이 더 넓어진다는 점입니다.

정리하자면 행복은 어차피 자기가 계속 노력해서 얻는 것이지 공부와 직접적인 상관이 없습니다. 만약 자신이 좋아하는 분야나 꼭 하고 싶은 일이 공부와 상관이 없다면 열심히 공부하지 않아도 얼마든지 행복해질 수 있습니다. 그런데 아직 하고 싶은 게 없다면 일단은 공부를 통해 그런 시도를 해보라고 권하고 싶습니다. 지금 이 시기에는 이런 한 번의 노력으로 내가 마음만 먹으면 끝까지 해내는 사람이란 걸 평생 증명하는 증명서를 얻을 수 있습니다. 언제든 새로운 길을 걷고 싶은 마음이 들 때, 흔들리지 않는 자신감을 얻을 수도 있습니다. 그래서 저는 인생을 살며 한 번쯤은 공부에 매진해 보라고 권하고 싶습니다. 무엇보다 지금이 가장 좋은 시기입니다.

 Tipping point

- 공부를 잘한다고 행복해진다는 보장은 없지만, 여러 이점이 있다.
(1) 내가 마음만 먹으면 뭐든 해내는 사람이란 걸 증명할 수 있다.
(2) 살고 싶은 삶을 선택하는 데 필요한 용기와 자신감을 얻을 수 있다.

시간이 없다는 핑계가 사라지는 주문

"자꾸 살이 찌는데 운동할 시간이 없어요."

"남들은 잘하는데 저만 공부할 시간이 부족한 거 같아요."

가끔 이런 말을 하는 사람들이 있습니다. 뭔가를 해보려 해도 시간이 없어서 못 한다고 합니다. 우리는 누구나 똑같이 24시간을 하루로 쓰고 있습니다. 누구는 시간이 부족한데, 왜 누구는 시간을 잘 활용해서 뭐든 잘 해내는 것처럼 보일까요?

노자는 《도덕경》에서 '시간이 없다는 말은 하고 싶지 않다는 말과 같다.'라고 했습니다. 다시 말하면 시간이 없다는 말은, 결국 나한테 그건 중요하지 않다는 말과 같습니다. 운동할 시간이 없다는 사람에게 왜 시간이 없냐고 물으면 이렇게 말합니다.

"학생이니까 공부가 당연히 중요하잖아요. 또 친구 없이 어떻게 살 수 있어요? 친구도 만나야 하고, 가끔 게임도 하면서 쉬기도 해야지요."

이 말은 즉 운동은 공부, 친구, 게임에 이어 4순위쯤 된다는 뜻입니다. 원래 자신의 일상에서 4순위쯤 되는 것은 누구든지 할 시간이 부족한 게 당연합니다. 그런데 누구도 '운동은 내 인생에서 전혀 중요하지 않아!'라고는 차마 말하지 못합니다. 우선순위를 높이면서까지 운동할 마음은 없고, 그냥 시간이 부족해서 못 한다는 핑계를 대고 싶은 것뿐입니다.

공부도 마찬가지입니다. 만약 공부할 시간이 다른 친구들보다 턱없이 부족하다면 자기가 다른 걸 우선순위에서 높게 잡고 있을 가능성이 큽니다. 남들보다 잠을 많이 자는 학생이 '난 원래 잠이 많아서 공부할 시간이 없어.'라고 말한다면 일단 공부보다 잠이 우선순위에서 높다는 것입니다. 그런데 이렇게 말하는 학생들은 대개 자신이 잠이 많다는 사실만 강조할 뿐, 남들보다 부족한 공부 시간을 채울 생각은 하지 않습니다. 예를 들어 잠을 많이 자는 대신 씻는 시간을 줄일 수도 있고, 자투리 시간에 더 공부할 수도 있습니다. 한번 시간이 없는 이유를 만들어 낸 사람은 계속 다른 이유도 만들어 내기 때문에 시간이 계속 부족합니다.

이런 사람일수록 자신에게 솔직해질 필요가 있습니다. '공부할 시간이 부족해.'라고 말하는 것 대신 '공부는 나에게 전혀 중요하

지 않아.'라고 바꿔 말해 보았을 때 만약 조금이라도 불편한 마음
이 생긴다면, 이참에 우선순위를 바꿔 보기를 바랍니다.

자기가 보통 무슨 일을 하면서 하루를 보내는지 항목별로 소요
시간을 적어 보는 것도 도움이 됩니다. 하루도 빠지지 않고 하는
일이 뭐가 있는지 살펴보면 자연스럽게 자기가 무엇을 진짜 중요
하게 생각하고 있는지 보입니다. 공부가 아닌 다른 무언가를 하루
도 빠짐없이 하고 있을 수도 있습니다. 크게 하는 일 없이 스마트
폰을 만지작거리는 시간이 의외로 굉장히 길 수도 있습니다. 자신
의 상황을 객관적으로 인식할 때 비로소 우선순위도 적절히 조정
할 수 있습니다.

 Tipping point

- 내 일상에서 공부의 순위는 몇 위일지 생각해 본다.
- 매일 하는 일 중에 공부보다 중요하지 않아서 시간을 줄이거나 뺄 수 있
  는 항목이 있는지 생각해 본다.
- 자신의 상황을 인식하고 일상에서의 우선순위를 적절히 조정한다.

능률을 최고로 높이는 수면 전략

공부할 때든 일할 때든 졸음이 쏟아지는 건 평생을 따라다니는 골칫거리입니다. 저 역시 잠과의 전쟁으로 여전히 힘든 날을 보낼 때가 많지만, 제가 터득한 가장 확실하다고 생각하는 수면 전략을 알려드리겠습니다.

1. 방학 때 계획을 망치는 이유

학교에 다닐 때는 학교 시간표 때문이라도 대체로 규칙적인 생활을 합니다. 그런데 문제는 보통 방학입니다. 저 역시 방학 때 생활이 무너져 내리면서 계획을 망쳤던 경험이 있습니다. 이때 가장 큰 이유는 점심 식사 후에 잠이 쏟아져서입니다. 그럴 때마다 낮잠을 잤고 그러다 보니 밤에는 잠이 안 오는 악순환을 누구나 경험해 봤을 것입니다. 그렇다고 밤에 잠이 안 올 때 공부가 잘 되지도 않습니다. 스마트폰을 만지작거리다 보면 몇 시간이 금세 지나가 버립니다. 결국 수면 패턴이 무너져 내리는 순간 방학 계획도 함께 무너지는 경우가 많았습니다.

그렇다고 잠이 쏟아질 때 억지로 버틴다 해도 효율이 떨어지는 건 사실입니다. 저 같은 경우는 20분 정도만 낮잠을 자는 게 가장 좋았던 것 같습니다. 그러면 피로가 풀리는 기분이 들었고, 밤에 잠드는 데도 큰 지장이 없었습니다. 그런데 낮잠의 효과는 사람마다 다릅니다. 낮잠을 조금만 자도 밤에 잠을 못 자는 사람이 있고, 낮잠을 자면 더 피곤하다는 사람도 있습니다. 그러니 직접 해보며 자신만의 최적의 컨디션을 찾는 수밖에 없습니다. 낮잠이 나한테 잘 맞는지 먼저 실험해 보고 잘 맞는다면 시간은 15분, 20분, 30분 중 얼마가 적당한지도 몇 번의 시행착오를 통해 찾아봅니다.

2. 같은 시간을 자도 다른 숙면도

저는 고등학생 때는 하루에 6시간씩 잤습니다. 20대 이후로는 대개 7~8시간 정도 자는데, 자정쯤 잠들어 아침 7~8시 정도에 일어나는 게 일반적인 패턴입니다. 그런데 코로나가 한창이라 집에만 있을 때 생활 패턴이 무너지면서 새벽 2~3시쯤 잠들 때도 있었습니다. 그렇더라도 아침 10시쯤 일어나면 사실 똑같이 7~8시간을 잔 셈입니다. 그런데도 새벽 늦게 자면 다음 날 더 피곤하다고 느꼈습니다. 사실 수면 시간 자체도 중요하지만, 몇 시에 잠드는가도 수면의 질에 큰 영향을 주었습니다. 저 역시 낮보다 밤에 더 집중이 잘 되는 올빼미형이기는 하지만, 너무 늦게 잠들면 다음 날 분명히 몸 상태가 안 좋아졌습니다. 더군다나 한창 키가 클 때 늦은 시간에 잠들면 성장에도 좋지 않습니다. 저 역시 중3 여름방학 때 새벽 늦게까지 놀다가 다음 날 오후 3~4시쯤 일어나곤 했습니다. 만약 그때 잠을 더 잘 잤다면 키가 1cm라도 더 크지 않았을까 생각합니다.

여러모로 잠은 너무 늦지 않게 자는 게 좋습니다. 물론 이것도 사람마다 차이는 있겠지만, 오래 잔 것 같은데도 항상 피곤함을 느낀다면 잠자리에 드는 시간을 한번 확인하길 바랍니다.

3. 잠자는 시간은 일관되게 유지하기

공부 시간을 늘리기 위해 수면 시간을 큰 폭으로 줄이는 사람들이 있습니다. 평소에 잠을 너무 많이 잤다면 그게 좋은 방법일 수도 있습니다. 하지만 잠을 줄여서 컨디션이 떨어진다면 공부 시간이 늘어나도 그만큼 효율이 오르기 쉽지 않습니다.

사실 우리가 하루 중 이래저래 흘려보내는 시간이 은근히 많습니다. 꼭 잠을 줄이지 않더라도 그런 시간만 잘 쪼개어 활용한다면 얼마든지 공부 시간을 충분히 확보할 수 있습니다. 제가 직장에 다니면서 수능 공부할 때, 자투리 시간만 모아도 하루 2시간이 되었던 경험이 있습니다. 졸린 걸 참아낼 줄 알아야만 공부를 잘하는 게 아닙니다. 물론 공부하기 싫은 마음을 극복해 내는 것도 중요하지만, 무조건 억지로 참기보다는 내 몸을 최상의 상태로 유지하면서 공부하는 습관을 들이는 게 더욱 중요합니다.

 Tipping point

- 자신이 낮잠을 자는 게 좋은지, 좋다면 몇 분이 적당한지는 직접 실험해 보면서 적당한 시간을 찾는다.
- 똑같은 시간을 자더라도 몇 시에 잠드는가에 따라 다음 날 컨디션이 달라질 수 있다. 충분히 잤는데도 더 피곤하다면 자는 시간을 조정해 보자.
- 잠을 줄이기보다는 내 몸을 최상의 상태로 만든 채 공부하는 게 중요하다. 공부를 위해 잠을 줄이기보다는 자투리 시간을 먼저 활용해 보자.

시간 관리의 고수가 되는 방법

사람들이 가끔 제게 이렇게 물어봅니다. 회사 다니면서 수능 공부하고, 한의대 다니면서 책도 여러 권 썼다고 하면, 대체 어떻게 시간 관리를 하느냐고 말입니다. 시간을 어떻게 보내면 그 많은 일을 다 할 수 있는지 궁금해합니다. 그런데 사실 저는 시간 관리를 잘하기 위한 특별한 비법이 있다고 생각하지는 않습니다. 지금 당장 시간 관리에 관한 자기계발서를 여러 권 읽어보아도 비슷한 내용이 나와 있음을 알 수 있습니다. 고개를 연신 끄덕이면서 읽더라도 실천하려는 의지가 없다면 아무것도 바뀌는 건 없습니다.

그래서 지금부터 제가 책 출간을 위해 원고를 쓰는 사례를 들어보려고 합니다. 지금부터 나오는 '원고'라는 단어를 '공부'나 자신이 집중해서 해야 할 '뭔가'로 바꾸어 생각해 봐도 좋습니다. 그리고 그냥 읽지 말고 나라면 어떻게 할지 상상하면서 읽으면 더욱 도움이 될 것입니다.

총 300페이지짜리 책을 한 권 쓴다고 가정해 보겠습니다. 원고 마감일은 지금으로부터 40일 후입니다. 저는 일단 하루에 제가 쓸 수 있는 현실적인 페이지 수를 생각합니다. 하루에 10페이지씩 쓸 수 있다면 30일이면 다 쓸 수 있겠습니다. 그렇다면 여러분은 언제부터 책을 쓰기 시작할 것인지 각자 대답해 봅시다.

과제 : 총 300p 책 쓰기

하루에 내가 쓸 수 있는 능력치 : 10p

| 오늘 | 10일 후 | 20일 후 | 30일 후 | 40일 후(마감) |

❖ 여유 시간 확보가 중요하다

여러분은 언제를 시작일로 잡았나요? 저는 지금 당장 쓰기 시작할 것입니다. 그러면 10일 정도 여유 시간이 생기는 셈입니다. 우리가 계획을 세울 때는 항상 여유 시간을 두는 것이 중요합니다.

뜻하지 않게 원고를 쓸 수 없는 날이 있을지도 모르니 말입니다. 몸이 갑자기 아프거나 중요한 약속, 모임이 잡힐 수도 있습니다. 그리고 매일 똑같은 일을 하다 보면 지루하고 답답해질 때가 있습니다. 혹시 모를 그런 날을 위해서라도 계획은 여유 있게 잡는 게 중요합니다.

계획에 여유 시간을 두어야 하는 또 하나의 중요한 이유는 계획이 조금이라도 틀어지면 쉽게 포기하게 되기 때문입니다. 빠듯하게 계획을 잡았을 때는 하루라도 쉬면 원래 정해진 마감 날짜를 지킬 수 없습니다. 그러면 남은 날들은 더 많은 분량을 힘들게 써야 합니다. 무리해서 쓰다 보면 글 쓰는 일이 점점 더 괴로워질 것입니다. 어차피 다 못 끝낼 거 같은데 이쯤에서 포기하자는 마음이 생길 수도 있습니다. 반면에 여유 시간을 둔 사람은 하루 쉬더라도 계획을 지킬 수 있으니 다시 힘을 내서 이어갈 수 있습니다.

그런데 많은 사람이 시간이 많이 남았다고 생각하고 10일쯤 지난 후부터 시작합니다. 아니 그때도 시간이 뭔가 넉넉한 것 같아 20일쯤 지나서부터 시작하는 사람도 많습니다. 심지어 39일 후부터 시작하는 사람도 있습니다. 10대 때뿐만 아니라 20대, 30대, 40대가 되어서도 그런 사람들이 생각보다 많습니다. 시간 관리의 고수가 되려면 주어진 시간에 딱 맞추는 게 아니라 충분한 여유를 두고 계획을 짜야 한다는 점을 명심합시다.

✦ 우선순위를 높게 정하고, 돌발 변수를 막는다

계획을 잘 세우는 것만큼이나 중요한 게 우선순위를 높게 설정하는 것입니다. 저는 기한 내에 원고를 써야 한다면, 밥 먹거나 잠자는 시간을 제외하고 원고 쓰는 일을 가장 중요하게 생각합니다. 그래서 유튜브 영상을 시청하거나 운동 및 친구와 약속을 잡는 일도 모두 원고를 쓴 후에 합니다. 이렇게 중요한 일에 우선순위를 가장 높게 설정하는 쪽이 바쁜 하루를 더 효율적으로 활용할 수 있는 요령입니다.

원고를 쓰는 동안에는 최대한 방해 요인을 제거하고 집중하는 일도 중요합니다. 만약 원고 쓸 때 주변에 누군가 같이 있다면, 그 친구가 뭔가를 물어본다거나 말을 걸 수도 있습니다. 처음 가는 카페에서 원고를 쓴다면, 그 카페 분위기가 시끄러워서 집중을 방해할 수도 있습니다. 그래서 일정이 급할 때는 이렇게 누구와 함께 있거나 새로운 장소에 가는 것도 피하는 편이 좋습니다. 잠깐 쉰다고 유튜브를 보다가 나도 모르게 재미있는 걸 발견해서 끝도 없이 영상을 시청한 경험이 있을 것입니다. 만약 그런 경험이 있다면, 집중하는 시간 동안 절대 유튜브를 보지 않아야 합니다. 제대로 집중하기 위해서는 단지 예측할 수 있는 상황만 통제하는 게 아니라 예측 불가능한 상황까지 통제해야 합니다. 시간 관리를 위해서는 돌발 변수를 최대한 줄이고 집중할 수 있는 환경을 만드는 게 가장 중요합니다.

✦ 계획을 유연하게 조정하자

이렇게 계획에 맞춰 진행하다 보면, 갑작스럽게 중요한 약속이 잡혀서 원고를 쓰지 못하는 날도 생깁니다. 여유가 충분할 때는 하루 정도 쉬어갈 수도 있습니다. 그런데 마음이 급한 날도 있습니다. 그럴 때는 약속 장소까지 가는 교통수단 안에서 원고에 쓸 내용을 구상해 보기도 하고 스마트폰에 메모를 할 수도 있습니다. 꼭 원고를 직접 쓰지 못하더라도 그에 도움이 되는 일들을 자투리 시간에 얼마든지 처리할 수 있습니다.

이렇게 일주일 정도 원고를 쓰다 보면 정말 하루에 10페이지 쓰는 게 적당한지 다시 돌아볼 수 있습니다. 만약 좀 더 쓸 수 있겠다 싶으면 11~12페이지로 늘려봅니다. 아니면 9페이지로 줄여야 할 수도 있습니다. 9페이지로 줄이더라도 10일이라는 여유 시간을 두었기 때문에 마감 기한을 맞출 수 있게 된답니다. 그 밖에도 어느 시간대에 글을 쓸 때 가장 집중이 잘 되었는지, 계획을 방해하는 뜻밖의 요소는 무엇이었는지 등을 파악하여 반영할 수도 있습니다. 즉 처음 세운 계획을 꼭 그대로 지키는 게 아니라 더 효율적으로 변경하는 과정이 필요합니다.

지금까지 책 쓰는 과정을 예시로 들었으나 공부나 다른 일에 적용해도 거의 비슷합니다. 결국 시간 관리를 할 때 가장 중요한 것은 내가 그 일을 얼마나 소중하게 생각하느냐입니다. 자신이 평소에 하는 다른 일들과 중요도가 같다면, 결코 제시간 안에 끝마치기가 쉽지 않습니다. 여러분에게 지금 가장 중요한 건 무엇인가요? 시간 관리를 위해서는 이 물음에서부터 시작하기를 바랍니다.

 Tipping point

효율적인 시간 관리를 위한 5단계

(1) **현실적인 하루 분량 정하기**

➡ 너무 쉽게, 너무 무리하지 않는 정도의 적절한 분량을 정한다.

(2) **여유 시간을 두고 시작하기**

➡ 변수로 인해 무리해서 마무리해야 할 상황을 미리 막는다.

(3) **우선순위를 높게 설정하기**

➡ 현재 내 삶에서 적어도 1순위, 2순위인 일은 잘 해낼 수 있다.

(4) **방해 요인과 돌발 변수를 제거하고 집중하기**

➡ 삶의 돌발적인 상황까지 통제해서 집중할 필요가 있다.

(5) **계획을 실천하면서 나에게 맞춰 유연하게 조정하기**

시험에 합격하는 사람들의 공통점

"큰 시험에 합격하는 아이들은 평소에도 좀 다른 점이 있어?"
"사실 한 달만 가르쳐 보면 누가 합격할지 감이 오긴 해."

친구가 한 질문을 계기로 논술을 가르쳐 대학에 합격한 아이들이 달랐던 점은 무엇인지 곰곰이 생각해 본 적이 있습니다. 우선 합격한 아이들이 모두 공부를 잘했는지 생각해 봤습니다. 물론 공부를 잘하는 아이들이 대체로 독해력이나 글쓰기 실력도 좋은 편이었습니다. 그런데 내신이나 수능이 평균 5등급인 학생 중에도 소수이지만 합격한 아이들이 있었습니다. 반면 공부는 굉장히 잘하는 편인데도 논술 실력은 잘 늘지 않았던 학생도 있었습니다. 그러니 꼭 공부를 잘해야만 합격하는 건 아니었습니다. 좀 더 생각해 보니, 합격한 아이들에게는 다른 아이들에게 없는 몇 가지 공통점을 찾을 수 있었습니다.

⟡ 능동적인 사람 vs 수동적인 사람

합격한 아이들은 항상 능동적이었습니다. 그 아이들은 글쓰기 과제를 첨삭해서 돌려주면 첨삭 내용을 참고해서 꼭 다시 써 보겠다고 먼저 말했습니다. 다시 써 오면 잘 썼는지 읽어봐 달라면서 말입니다. 이 정도면 잘 쓴 편이라고 다시 쓰지 않아도 된다고 해도 자기가 만족하지 않으면 다시 써 왔던 학생들이 아주 많았습니다. 반면에 불합격한 학생 중에는 첨삭 내용을 눈으로만 읽어보고 끝내고 싶어 하는 경우가 많았습니다. 다시 써 보라고 하면 끔찍이도 싫어하던 학생들도 있었습니다.

합격한 학생들은 대학교에서 제공한 예시답안을 참고하기보다는 어떻게든 자기가 직접 내용을 정리해서 써 보려고 노력했습니다. 대학에서 요구하는 형식을 맞추면서도 자신만의 스타일로 훌륭한 답안을 써 보려 한 겁니다. 반면 불합격한 학생 중 대부분이 예시답안을 몰래 참고하면서 단어만 조금씩 바꾸며 답안 쓰기에 급급했습니다. 처음에는 누구나 잘 못 쓸 수 있는데, 그걸 남에게 보이는 게 부끄러워서 끝까지 예시답안에 의존할 뿐이었습니다.

공부하는 데 있어 능동성은 매우 중요한 부분입니다. 요즘에는 좋은 학원이나 인강 강사가 밥을 떠먹여 주듯 공부법도 알려주고, 동기부여도 해주고, 문제도 풀어줍니다. 그런데 아무리 좋은 강사를 만나더라도 공부한 내용을 완벽하게 소화했는지는 자신만 알 수 있습니다. 스스로 부족한 부분이 있을 때 어떻게든 채우려고 노력하는 일은 자신만 할 수 있는 일입니다. 누군가에게 전적으로 의존한다면 절대로 완벽한 공부가 될 수 없습니다. 아무리 유능한 강사의 공부법이 좋더라도 무조건 따르기보다는 자신에게 맞게 변형하여 적용할 필요가 있습니다.

결국 공부의 주인은 부모도, 유명 강사도 아닌, 나 자신이 되어야 합니다. 그런데 어쩔 수 없이 떠밀려서 공부하는 사람들은 자신이 주인이 되기가 어렵습니다. 단지 시험을 잘 보기 위해서만이 아닙니다. 자기가 하는 모든 일에 자기가 주인이 된다는 주체적인 태도가 앞으로 인생에서 뭔가를 성취해 나가는 데 매우 중요하답니다.

❖ 완전히 이해할 때까지 파고들자

합격한 아이들은 항상 질문이 많았습니다. 자기가 이해하지 못하는 부분이 있다면 끝까지 집요하게 물어봤습니다. 아무리 쉬운 내용이더라도 모르는 걸 부끄러워하지 않았습니다. 심지어 밤늦은 시간에 문자가 와서 늦게까지 전화 통화로 답을 해준 학생도 있었습니다. 솔직히 말하면 조금은 귀찮게 느껴질 정도였습니다.

사실 저는 어려서부터 질문을 잘하는 편이 아니었습니다. 바보같이 질문하는 걸 부끄럽게 생각하기도 했습니다. 어떨 때는 질문했다가 왜 그런 걸 질문하냐고 핀잔을 받았던 적도 있었습니다. 이런 경험이 쌓이다 보니 자연스럽게 질문하지 않는 습관이 생기고 말았습니다. 그런데 전 그렇다고 궁금한 마음을 그대로 놓아버리지는 않았습니다. 선생님이 아니면 친구에게 물어본다거나 인터넷에서 검색해 보는 방법을 선택했습니다. 사실 직접 물어봤다면 답을 쉽게 구했을 텐데 빙빙 돌아갔던 셈입니다.

우리가 뭔가를 배우고 나서 궁금한 부분이 남았다는 것은 완벽히 이해하지 못했다는 뜻입니다. 이처럼 완벽히 이해하지 못한 것은 기억하기도 어렵습니다. 우리가 한국어 대사와 외국어 대사를 들었을 때 익숙한 한국어 대사를 훨씬 더 잘 기억하는 것과 같은 이치입니다. 이해하지 못하고 억지로 외운 것은 얼마 안 가서 금세 잊어버리고 맙니다. 그래서 모르는 게 있을 때는 항상 물어보거나 끝까지 알아내는 습관을 들이는 게 좋습니다.

시험에 합격하는 학생들의 기본 태도를 보면 알 수 있듯이, 우리가 뭔가를 배우고 익힐 때 항상 배움의 주체는 나 자신이 되어야 하고, 모르는 건 끝까지 파고들어 완벽하게 이해해야 합니다. 이런 태도만 잘 잡혀 있어도 앞으로 살면서 어떤 시험이든 합격하는 데 큰 무리가 없을 것입니다. 배움에 있어서 각종 잔기술이나 노하우가 필요할 수는 있겠지만, 무엇보다 이와 같은 기본 태도가 가장 큰 힘을 발휘할 것입니다.

 Tipping point

- 시험에 합격하는 학생들은 모두 능동적인 태도로 임하고 질문이 많다는 공통점이 있다.
- 우리가 뭔가를 배우고 익힐 때 가져야 할 자세
(1) 내 공부의 주인은 나이며, 공부 계획, 공부 시간, 공부 방향도 최종적으로는 모두 내가 결정한다.
(2) 모르는 게 있으면 반드시 물어본다. 선생님이나 강사에게 직접 물어보는 게 가장 좋지만, 그게 어렵다면 친구에게 물어보거나 책이나 인터넷을 통해서라도 꼭 알아낸다.

평생 자유롭기 위해 공부해야 하는 이유

어렸을 때는 부모님께서 옷이나 신발, 책이나 맛있는 음식을 사주는 걸 당연하게 여겼습니다. 소득이 있기 전까지 경제적으로 부모님께 의존하기 때문입니다. 그러다 보니 지금 공부를 안 해도 나중에 무슨 문제가 있을까 싶고, 직접 돈을 벌어서 사는 것은 아주 먼 훗날의 일처럼 여겨집니다.

대개는 20대 후반쯤 회사에 취업하여 스스로 돈을 벌기 시작합니다. 부모님께 용돈을 받지 않아도 되는 어엿한 사회인이 되었으니 이제 자유라는 생각이 들기도 합니다. 하지만 회사는 여러분이 편하게 월급만 받아 가게 놔두지는 않습니다. 집에서 부모님의 잔소리로 스트레스를 받았다면, 회사에서는 직장 상사나 동료가 당신을 괴롭힐지도 모릅니다. 직장이 나랑 잘 안 맞는 거 같고, 스트레스도 너무 심하다고 느낄 수 있습니다. 그런데 직장을 그만두고 싶어도 마땅히 나를 받아줄 만한 다른 회사가 없다면 먹고살기 위해 평생 스트레스를 참으며 지낼 수밖에 없습니다. 겨우 자유를 찾았다고 생각했는데, 전혀 자유롭지 않습니다.

✦ 공부는 자유와 연관이 깊다

공부라는 게 대체 자유와 무슨 상관이 있을까요? 여기서 말하는 공부는 단지 학교 공부만을 의미하지는 않습니다. 자신만의 능력, 기술, 실력, 경험을 갈고닦아 연마하는 모든 것을 포함하는 말입니다. 만약 내가 정말 아무런 기술이나 능력이 없는 사람이라면, 당장 아르바이트를 구하기도 쉽지 않습니다. 오토바이 면허가 없으면 배달 아르바이트도 할 수 없고, 카페 아르바이트도 처음 하는 사람보다 경력이 있는 사람을 선호합니다. 공부한 게 아무것도 없는 사람은 고를 수 있는 선택지도 줄어들게 됩니다. 100가지 중 하나를 고르는 것과 1~2가지 선택지 중에 어쩔 수 없이 하나를 고르는 것은 만족도 자체가 다릅니다. 후자를 더 자유롭다고 말할 수 있는 사람은 결코 없을 것입니다.

　당장 대학 입학만 보아도, 남들보다 월등하게 높은 성적을 받은 사람은 서울대나 의대에도 진학할 수 있습니다. 그들에게는 자신의 미래에 대한 선택권이 좀 더 폭넓게 주어지는 것이 장점으로 수많은 대학, 수많은 학과 중에 자신이 가장 원하는 학과를 자유롭게 선택할 수 있습니다. 반면 성적이 낮은 사람은 제한된 선택지 중 하나를 골라야만 합니다. 성적이 좀 낮을 수도 있는 건데 자유를 억압당하는 것 같으니, 사실 굉장히 분하게 느껴지지만 현실은 그렇습니다. 이렇게 인생의 출발선에서부터 공부는 나에게 더 자유로운 선택지를 줄 수 있습니다.

취직할 때도 마찬가지입니다. 이때는 단지 대학 성적뿐만 아니라 자신만의 독특한 이력이나 경험 등도 좋은 기업에 취직하는 데 도움이 됩니다. 제가 기업의 채용 담당자라 하더라도 대학 생활 내내 학교, 집만 오간 사람보다는 다양한 경험을 통해 자기 잠재력을 키우기 위해 진취적으로 도전해 온 사람을 뽑을 것 같습니다. 여기서 말하는 공부란 다양한 경험이나 이력을 쌓는 것을 포함합니다. 자신의 분야를 꾸준히 공부해서 뛰어난 능력을 갖춘 사람은 취직한 후에도 회사에 끌려다니지 않을 수 있습니다. 자기 능력이 워낙 뛰어나서 나만큼 우수하게 일할 사람이 세상에 별로 없다면, 회사에서는 당연히 그만한 대우를 해주고 월급도 능력에 맞게 줄 것입니다. 만약 그렇게 대우해 주지 않는다면, 당신에게는 이미 선택할 수 있는 자유가 있습니다. 얼마든지 나를 원하는 다른 회사로 이직하면 됩니다.

제가 한의사가 되어 처음 취직자리를 구하는데 대부분 한의원에서 경력이 있는 한의사를 원했습니다. 이제 막 졸업한 한의사는 아직 경험이 부족하니 보통 인기가 없습니다. 물론 처음부터 경력이 있는 사람은 없습니다. 그러다 보면 결국 원하지 않는 먼 지역까지 가서 취직할 수밖에 없었습니다. 내가 살고 싶은 곳에서 살수 있는 자유를 빼앗기는 것과 마찬가지입니다.

과거에는 한 번 회사에 들어가면 능력이 어떻든, 정년퇴직할 때까지 다닐 수 있었던 시절도 있었습니다. 지금도 정부 기관에서 일한다면 정년이 보장되는 편입니다. 하지만 여러분이 은퇴할 때인 앞으로 50년 후의 미래는 아무도 예측할 수 없습니다. 한 직장에 모든 걸 의존하겠다는 마음을 먹은 순간, 여러분은 자유를 빼앗길 수 있습니다.

단지 직장만이 아닙니다. 부모님이든 직장이든 국가든 안타깝게도 우리를 끝까지 지켜준다는 보장은 없습니다. 부모님은 자신들의 노후 자금을 걱정해야 하고, 직장은 나이가 들고 쓸모가 줄어든 직원을 내보낼 수 있습니다. 국가의 복지 정책 또한 부양해야 할 인구가 많아지면, 모두에게 혜택을 주기 어려울 수 있습니다. 결국 내가 의존해야 할 대상은 오직 나 자신입니다. 머지않아 나도 자립해야 한다는 사실을 빨리 깨닫는 사람일수록 더 현명하고 단단해질 수 있습니다.

그러니 지금 공부하는 것도 부모님의 잔소리 때문이 아닌, 사실은 자신의 자유를 위한 것입니다. 물론 공부하지 않고도 할 수 있는 일을 선택해 적당히 필요한 만큼의 돈만 벌며 살면 되지 않을까 생각하는 친구도 있을 것입니다. 그런데 어른들의 비밀 한 가지를 알려주자면, 사실 많은 어른이 단지 소득을 위해서뿐만 아니라 자신의 자유도 빼앗긴 채 살아가고 있습니다. 슬프게도 우리는 이 사실을 아주 뒤늦게 깨닫습니다. 지금 뭐든 배우고 익히지 않으면 평생 자유롭지 않을 수 있습니다. 다른 무엇보다 자신의 자유를 위한다는 생각으로 공부하기를 바랍니다.

 Tipping point

- 부모도 직장도 국가도 나를 끝까지 지켜줄 수는 없다.
- 머지않아 자립해야 한다는 사실을 빨리 깨달을수록 더 현명하고 단단한 사람이 될 수 있다.
- 다른 누가 아닌 나 자신의 자유를 위해 공부하자.
(여기서 말하는 공부란 자신만의 능력, 실력, 기술, 경험 쌓는 일을 모두 포함한다.)

이 짓 다시는
못 하겠다는 각오

혹시 주변에 재수해서 좋은 대학에 간 사람을 본 적이 있나요? 재수해서 점수가 많이 오른 친구들은 전설처럼 사람들의 입에 오르내리기도 합니다. 그런데 저는 신기하게도 재수했는데도 성적이 똑같은 사람을 여럿 보았습니다. 그 당시에는 상식적으로 이해가 가지 않았습니다. 원래 A 대학에 갈 실력이었던 학생이 1년간 더 공부했는데 어떻게 또 A 대학에 갈 점수가 나오는 것인지, 아무리 공부를 안 했다고 해도 성적이 조금은 오를 것 같은데 말입니다. 당시 저에게는 참 미스터리 한 일이었습니다.

✦ 같은 시험을 다시 보는 건 힘든 일이다

재수가 힘든 이유가 있습니다. 공부를 어느 정도 한 사람들이 다음 연도에 다시 공부하려고 하면 책에 쓰인 내용이 이미 다 아는 것처럼 보입니다. 어쨌든 작년에 다 공부했었고 눈에도 다 익은 내용이기 때문입니다. 완벽하게 이해하거나 외우지는 못했어도 이렇게 안다는 느낌이 오히려 공부에 방해가 될 수 있습니다. 그래서 집중력도 떨어지고 대충 공부하게 됩니다. 또 1년이라는 시간이 좀 길고 지루하게 느껴질 수도 있습니다. 이미 다 아는 것 같으니 막판에만 열심히 하면 되지 않을까 하는 생각도 들고, 이제 성인이 되었으니 술도 합법적으로 마실 수 있으며 각종 놀거리의 유혹도 더 많아집니다. 그렇게 어영부영하다 보면 결국 한 단계 더 도약하지 못한 채 같은 자리에 머무를 가능성이 큰 겁니다.

그래서 같은 시험을 다시 보면 이미 아는 게 있어서 유리하기보다는, 똑같은 걸 다시 봐야 한다는 지루함과 거기서 나오는 집중력 저하까지 극복해 내야 합니다. 이건 수능뿐만 아니라 다른 시험에도 똑같이 적용됩니다. 제 주변에서 고시에 합격한 사람은 대개 3년 내외로 집중해서 공부했고, 그 기간을 넘어서면 계속 떨어지는 경우가 많았습니다. 기간이 길어질수록 극복해 내기 위해서는 더 많은 인내와 고통을 동반합니다. 계속 실패하다가 결국 원하는 시험에 합격한 사람들은 수년간의 공부 경험이 쌓여서 좋은 결과를 이뤄낸 게 아니었습니다. 대개는 마지막 해에 어떤 계기로 정신을 바짝 차리고, 과거와는 다른 사람이 되었기 때문에 가능했습니다. 이처럼 더 험난한 과정을 겪고 싶지 않다면, 중요한 시험을 준비할 때는 항상 이번이 마지막이란 각오로 임해야 합니다.

✦ 두 번 다시는 못 할 짓이다

저는 회사 다니면서 두 번째 수능을 쳤습니다. 1년 동안 평일에는 퇴근하고 나서 2~3시간씩 공부했는데, 정말 힘들었습니다. 하필이면 그해에 3개월간 야근이 잦은 프로젝트에도 투입되었는데, 그런 날은 정말 녹초가 된 채 집에 와서 책을 펼쳐야 했습니다. 수능이 다가올수록 체력은 바닥으로 떨어진 데다가 직장에서 받는 스트레스에, 공부에 대한 압박감까지 정신적으로도 힘든 상황이었습니다. 옛말에 흔히 공부에는 다 때가 있다고 합니다. 전 그런 거 없다고 박박 우겨왔는데, 그 말이 절실히 이해되었습니다. 수능 시험 날, 마지막 문제를 풀고 몸을 펴는데 목과 허리가 부서질 듯이 아팠던 기억이 떠오릅니다. 그리고 그때 이런 생각이 들었습니다. '두 번 다시는 이 짓은 못 하겠다!'

다행히 운 좋게 좋은 결과가 나왔지만, 만약 좋은 성적이 나오지 못했다고 해도 후회는 없었을 것 같습니다. 그만큼 두 번은 못

하겠다는 각오로 열심히 임했기 때문입니다. 한의대 생활을 하면서도 시험 기간이면 밤새는 날이 많았습니다. 예전에 경제학을 전공할 때보다 암기해야 할 분량이 훨씬 많았기 때문입니다. 그렇게 시험 기간이 한 번, 두 번 지나갈 때마다 또 이런 생각이 들었습니다. '진짜 이 짓 다시는 못 하겠다!'라고 말입니다. 어떻게든 이번 한 번으로 끝내야겠다는 생각이 들었습니다.

사실 서울대든 한의대든 공부 잘하는 친구들을 옆에서 보면 평소에는 잘 놀다가도 공부할 때는 무서운 집중력을 보여줍니다. 특히 한의대는 한 과목이라도 F가 나오면 유급이라는 제도가 있어서 똑같은 과정을 1년간 다시 수강해야 합니다. 시험 기간이 얼마나 괴로운지 다들 잘 알기 때문에 다시는 반복하고 싶지 않다는 마음가짐으로 공부에 임합니다.

여러분도 중요한 시험을 앞두고 있다면, '두 번 다시는 못 할 짓이다!'라는 마음으로 준비하기 바랍니다. 시험이 끝날 때 이런 마음이 들지 않는다면 최선을 다하지 않은 것입니다.

Tipping point

- 같은 시험을 두 번 보는 것은 정말 어려운 일이니 처음 한 번 볼 때 이런 각오로 시험에 임해야 한다.
➡ "두 번 다시는 못 할 짓이다!"

4장

부자가
되고 싶어요

– 돈은 어떻게 벌까?

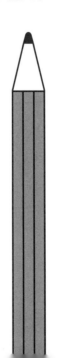

인생을 살아가는 데 가장 중요한 것이 무엇일까요?

여러분은 인생에서 가장 중요한 것을 세 가지만 꼽으라면,

무엇을 고르겠습니까?

누가 제게 이 질문을 한다면 저는 '건강, 돈, 관계(가족, 친구, 연인 등)'를 꼽을 것 같습니다. 이 중에 관계와 관련된 부분은 살면서 자연스럽게 배우는 것 같습니다. 가족과의 관계는 가정에서, 친구와의 관계는 학교에서 다투고 화해하는 과정을 겪으면서 직접 배웁니다. 그런데 건강이나 돈에 관련된 부분은 어쩌면 인생에서 가장 중요한 부분인데도 학교에서 딱히 정성을 들여 가르쳐주

는 일이 없습니다.

그런데 공부를 잘하는 학생일수록 학교에서 가르쳐주는 것만 믿고 따르는 경향이 강한 편입니다. 물론 교과서에까지 실린 지식은 오랜 시간 동안 수많은 검증을 거친 것이므로 믿어도 될 만한 것입니다. 그런데 반대로 학교에서 가르쳐주지 않는 것들에 대해서는 의외로 소홀한 경향도 있습니다. 학교에서 알려주지 않았으니 그만큼 중요하지 않다고 생각하는 것입니다. 학교에서 알려주지 않아도 살아가는 데 꼭 필요한 지식이 있습니다. 가장 중요한 두 가지를 꼽는다면, 앞서 말한 건강과 돈으로 직접 연결되는 의학 지식 그리고 금융 지식입니다.

✧ 내 몸을 공부해 건강을 지키자

의학 지식은 사실 우리 몸과 정신에 대한 이야기입니다. 의학 지식이 없는 것은 내가 움직이려는 의지는 있어도 같이 따라다니는 내 몸에 대해 전혀 모른다는 말과 같습니다. 20대나 30대의 젊은 나이에도 자기 몸을 전혀 생각하지 않고 살아가다 건강을 잃는 사람들이 있습니다. 물론 나이가 들수록 자연스럽게 건강에 관한 관심이 늘어납니다. 하지만 적어도 내 몸을 잘 알고 스스로 아껴야 한다는 것 정도는 빨리 깨달을수록 좋습니다. 건강은 잃고 난 뒤에 챙기려 하면 이미 늦기 때문입니다.

✧ 소비보다 투자 공부가 먼저다

금융 지식 또한 그 중요성에 비해 소홀히 다뤄지는 부분입니다. 소비, 저축, 투자 등은 자본주의 사회를 살아간다면 누구나 겪는 과정입니다. 소비나 저축은 그나마 자기만의 관점을 갖기 쉽습니다. 과소비하지 말아야 한다거나 꾸준히 저축해야 한다든가 하는 것은 원리도 간단하고 누구나 따라 하기 쉬운 편입니다. 그래서 어려서부터 잘못된 소비 습관을 갖지만 않는다면 크게 문제 될 게 없습니다.

하지만 투자관이란 것은 조금 다릅니다. 아무도 투자에 대해 가르쳐주지 않기 때문에 스무 살 때부터 잘못된 투자관이 형성되기 쉽습니다. 투자를 한탕주의나 도박처럼 받아들이기도 하고 위험성이 너무 크기 때문에 꼭 피해야 할 것으로 보기도 합니다. 투자에 대해 자신의 관점을 제대로 세우지 않으면, 평생 무지하거나 잘못된 생각을 지니고 살아가게 됩니다.

뭔가에 관심을 지니게 되는 계기는 사람마다 다를 수 있습니다. 나에게 맞지 않는 방법으로 접근하면 오히려 관심이 더 멀어질 수밖에 없습니다. 투자에는 부동산, 주식 등 여러 분야가 있지만 우선 주식 투자가 가장 접근하기 쉽습니다. 다음 예시 중 자신에게 가장 끌리는 방식을 한 가지만 선택하길 추천합니다.

첫째, 워런 버핏이나 피터 린치처럼 투자의 고수라 불리는 사람들의 책을 읽어봅니다.

어렸을 때 위인전을 읽는 것만큼이나 투자의 전설과 같은 인물의 책을 읽는 것도 인생에서 무척 중요한 부분입니다. 돈 문제는 앞으로 평생 여러분을 따라다닙니다. 만약 성인을 대상으로 한 책이 조금 어렵게 느껴진다면 청소년용으로 나온 책을 읽어보는 것도 좋습니다.

둘째, 청소년을 대상으로 쉽게 쓴 금융이나 투자 관련 책을 찾아서 읽어봅니다.

제가 특정 책을 추천해 주는 것보다도 다양한 책의 제목과 목차를 살펴보고 자기가 가장 마음에 드는 책부터 선택해 읽어보는 게 좋습니다. 책을 고르는 과정부터 자신이 능동적으로 참여할 때 동기부여도 더 잘 된답니다.

셋째, 청소년 모의 주식 투자에 참여해 봅니다.

주식 투자라고 하면 벌써 벌벌 떠는 학생들도 있습니다. 하지만 모의니까 잘못하더라도 진짜 돈을 잃지 않을 것입니다. 이건 책으로만 공부하는 게 아니라 자신이 직접 투자에 참여해 볼 때 의욕이 생기는 성격인 사람들을 위한 방법입니다.

넷째, 자기가 자주 쓰는 물건이나 서비스를 제공하는 회사에 관심을 가져봅니다.

자신이 좋아하는 기업 브랜드가 있다면, 그 기업의 주가는 얼마인지 알아보고 주가가 어떻게 변해왔는지 그 이유는 무엇인지도 호기심을 가져봅니다.

 Tipping point

- 기본적인 의학 지식은 건강하게 살기 위해 꼭 익혀야 할 내용이다.
- 금융 지식 중 특히 투자에 대해서는 어려서부터 관심을 가지면 좋다. 전설적인 투자자의 책을 읽어보거나 내가 좋아하는 제품을 만드는 회사의 주가부터 살펴보자.

몇십 년 전만 하더라도 절약이나 저축의 중요성을 강조하는 말들이 많았습니다. 새해가 되면 올해 목표를 조금 더 절약하기로 삼는 사람들도 많았습니다. 하지만 요즘은 부자가 되기 위해서 투자가 중요하다거나, 짧은 시간에 부를 축적하는 쪽으로 사람들의 관심이 집중된 편입니다.

한번 생각해 봅시다. 땡전 한 푼 없는 사람이 지금부터 1년간 3,000만 원을 모으는 게 쉬울까요? 아니면 10억 원이 있는 사람이 3,000만 원을 더 모으는 게 쉬울까요? 지금 10억 원이 있는 사람은 은행에 1년간 예금만 해도 이자로 약 3~4,000만 원을 벌 수 있습니다. 물론 수익률이 더 높은 투자처에 투자한다면, 그 이상을 벌 수도 있을 것입니다. 하지만 돈이 없는 사람은 1년 내내 열심히 일해야 모을 수 있는 돈입니다. 언뜻 보면 뭔가 불공평한 것처럼 보일 수도 있습니다. 하지만 돈이 다시 돈을 버는 거고, 그것이 우리가 사는 자본주의의 원리입니다.

✧◆ 제일 먼저 종잣돈을 모으자

그래서 무엇보다 빨리 종잣돈을 모으는 게 중요합니다. 종잣돈이란 말은 나중에 쓰기 위해 조금씩 모아서 쌓인 돈을 의미합니다. 일단 어느 정도 큰돈이 모여야 그 돈을 불려서 더 많은 돈을 벌 수 있기 때문입니다. 종잣돈을 빠르게 모으기 위해서는 두 가지 방법이 있습니다. 하나는 높은 소득을 얻는 것이고, 또 다른 하나는 소비를 줄여서 저축하는 것입니다. 아무리 소득이 높아도 소비가 그만큼 높으면 돈이 모이질 않습니다. 그래서 높은 소득을 얻기 위해 노력하고, 절약 및 저축이 함께 이뤄져야 합니다.

어떤 사람은 평생 열심히 일하고 저축만 했는데도 부자가 되지 못했다고 하소연합니다. 그러니 어차피 부자가 되지도 못하니, 사고 싶은 거나 마음껏 사면서 살겠다고 합니다. 그런데 평생 열심히 일하고 저축해도 부자가 되지 못한 사람은 제가 말한 방식을 그대로 따른 게 아닙니다. 우선 종잣돈 모으는 속도가 늦었을 수 있습니다. 둘째로는 종잣돈을 모으기는 했으나 그 돈을 가치 있는 자산으로 바꾸지 않았기 때문입니다. 30년 전에 3억 원이 있었는데, 그 돈을 은행에 가만히 저금해 둔 사람과 서울에 아파트를 구매한 사람을 비교해 보아도 답이 나옵니다. 가치가 높은 자산은 가만히 가지고만 있어도 오릅니다.

그러면 얼마나 절약하고 저축해야 맞는 것인지 궁금할 수 있습니다. 소비를 극도로 줄이고 현재 삶의 즐거움은 모두 포기한 채 저축만 하라는 말은 아닙니다. 아무리 미래를 위한다고 해도 현재를 중시하지 않는 삶은 의미가 없습니다. 앞에서 이야기한 것처럼 10억 원이 있는 사람은 아무것도 없는 사람보다 훨씬 쉽게 돈을 벌 수 있습니다. 어느 정도 부를 쌓으면 그때 가서는 조금 여유를 부린다 해도 내가 가진 돈이 금세 소비로 사라지지 않습니다. 그러므로 중요한 것은 우선 부를 축적하고 나서 소비를 늘리는 게 순서상 유리하다는 뜻입니다.

✦ 부자들은 남다른 습관이 있다

사실 부모의 재산을 물려받거나 어느 날 갑자기 부자가 된 경우를 제외하면 부자들은 오히려 절약이 습관화되어 있습니다. 종잣돈을 모을 때 절약하고 저축하던 습관이 남아 부자가 된 후에도 돈을 함부로 쓰지 않는 것입니다. 그리고 진짜 부자는 부를 과시하지 않습니다. 내면은 충실하지 않은데, 껍데기만 있는 사람일수록 과시욕이 큰 법입니다.

부자들은 돈을 쓰는 방식도 보통 사람들과 다릅니다. 많은 사람이 돈을 어디에 쓸지 고민할 시간에 그들은 어디에 더 투자할지를 고민합니다. 좋은 자산에 투자했다면 성급하게 차익만 보고 파는 게 아니라 그냥 놔둡니다. 자신의 투자가 올바르다면 결국 좋은 자산의 가치는 시간의 흐름에 따라 저절로 증가하기 때문입니다.

요즘은 뭐든 빠른 게 유행인 세상입니다. 영상도 길면 지루해서 못 보고 짧은 영상을 더 선호합니다. 돈 버는 것도 시간이 오래 걸리는 건 참지 못하고 단기간에 부자가 되기를 꿈꿉니다. 그런데 세상에 안전하고 빠르게 돈을 버는 방법은 없습니다. 그런 방법이 있었다면 모두 그 방법을 따라 해서 부자가 되었을 것입니다. 속도가 빠르다면 그만큼 위험도 따르는 법입니다.

우리가 부자를 볼 때 대부분 현재 가진 재산이 얼마인지에 집중할 뿐 그 사람이 살아온 인생에는 크게 관심을 두지 않습니다. 사실 돈의 액수가 중요한 게 아니라 그가 어떤 삶을 살아왔는지 배우고 본받는 것이 더 중요한 법인데 말입니다. 무엇보다 그들의 몸에 밴 습관에는 항상 절약과 저축이 있다는 사실을 명심해야 합니다.

- 종잣돈을 빨리 모을수록 부자가 될 확률이 높아진다.
- 부자가 되려면 절약과 저축을 습관화하자.

  ➡ 진짜 부자는 부를 과시하지 않는다.
- 부자가 된 후에는 돈이 더 쉽게 늘어날 수 있다.

  ➡ 지금 사고 싶은 것을 위해 가진 돈을 다 써 버리기보다는 부자가 되어

  서 계속 돈이 늘어나는 경험을 하자.

남들보다 빨리 돈을 모으는 방법

'투자'라는 단어를 들으면 어떤 표현이나 느낌이 떠오르나요? '많은 시간을 투자해서 공부했다'라는 표현처럼 자신의 생활과 직접 연관된 것들이 떠오를 수도 있습니다. 하지만 일반적으로는 '거금을 투자했다'와 같은 표현을 떠올리는 사람들이 많을 것입니다. 투자라는 것은 결국 돈이 들어가는 행위이고, 투자 대상으로 많이 떠올리는 것은 주식이나 부동산입니다.

어떤 학생은 '나중에 돈을 많이 벌고, 투자를 통해 그 돈을 더 불릴거야.' 하고 생각하지만, 또 어떤 친구는 '투자는 위험하니까 난 저축만 할 거야.'라고 생각하기도 합니다. 똑같은 '투자'라는 단어인데, 왜 사람들은 서로 다른 방식으로 생각할까요?

✦ 투자에 대한 제대로 된 정보가 없다

사람마다 투자에 대해 다양하게 받아들이는 가장 큰 이유는 누구도 제대로 된 정보를 가르쳐주지 않기 때문입니다. 학교에서 정치, 경제, 역사는 알려줘도 어떤 투자관을 지녀야 한다고는 말해주지 않습니다. '돈을 아껴 쓰고 저축해야 한다' 정도는 알려주지만, 그 이상 돈에 대해 언급하는 것은 금기시하는 편입니다.

그러다 보니 어린 시절 학생들에게 생기는 투자관은 대개 부모님의 투자관과 유사합니다. 부모님께서 투자를 잘하시는 분이라면 어려서부터 투자에 대해 알려주고 학생 이름으로 주식을 사주기도 합니다. 그런데 투자를 극도로 위험하다고 생각하는 부모님이라면 평생 주식이나 부동산 거래를 해본 적도 없을 것이고, 아이들에게도 투자는 위험하다고 알려줄 것입니다. 학생들은 어디서 배운 적도 없는 데다 부모님마저 부정적으로 말하면, 그 가치관을 따를 가능성이 큽니다.

부모님의 영향을 받지 않았더라도 뉴스 기사들을 보다가 투자가 두려워질 수도 있습니다. '집값이 폭락했다. OO라는 회사 주식이 반토막이 났다.' 이런 기사들을 접하다 보면, 괜히 투자했다가 돈만 다 날리는 건 아닐까 걱정부터 하기 쉽습니다. 하지만 언론은 사람들의 관심을 끌려는 목적으로 과장된 제목을 쓰기도 합니다. 물론 실제로 부동산이나 주식이 많이 떨어질 때도 있습니다.

하지만 언론은 아주 단기적인 정보만 보여준다는 특성이 있습니다. 어떤 자산이든 떨어지기도 하고 오르기도 하는데 매일매일 기사가 쏟아지다 보면 당연히 떨어지는 날도 있을 것입니다. 실제로 떨어지는 기간보다 오르는 기간이 더 길더라도 뉴스만 보면 겁을 먹게 됩니다. 그래서 투자에 대해 잘 모르는 사람일수록 공포심을 더 갖게 된답니다.

✦ 삶에서 투자는 꼭 알아야 한다

잘 생각해 보면 20년 전과 비교해 볼 때, 집값이든 물건값이든 과거보다 더 떨어진 경우는 거의 없었습니다. 25년 전에만 해도 시내버스 요금이나 콜라 가격은 400원이었는데 지금은 어떤가요? 오히려 어느 해든 신문 기사를 살펴보면 물가가 너무 올라 큰일이라는 말이 꼭 포함되어 있습니다. 단기가 아닌 장기적 관점에서 본다면 전혀 다른 얘기가 된다는 말입니다. 이렇게 집값이나 물건값이 오른다는 것은, 돈이 지닌 가치가 그만큼 떨어진다는 것을 의미합니다. 지금 나한테 똑같은 만 원이 있더라도 10년 전에 살 수 있었던 콜라 개수만큼 오늘은 살 수 없다는 것을 뜻합니다.

결국 투자한다는 것은 단지 빨리 돈을 번다는 것만을 의미하지는 않습니다. 오히려 투자를 빨리 돈을 벌기 위한 수단으로 삼을 때 위험한 투자에 발을 딛게 될 확률이 높습니다. 투자는 수익도 보지만 내가 가진 자산(현금, 부동산, 주식 등)의 가치를 보존하는 역할도 합니다. 부동산 가격이 떨어질까 봐 무서워서 집도 사지 않고, 주식이 떨어질까 봐 두려워서 주식도 사지 않고, 모든 재산을 현금으로 가지고 있으면 오히려 먼 미래에 손해를 볼 수 있습니다.

혹시 이 책을 읽을 때 연일 주식이나 부동산이 폭락한다는 기사가 뜨고 있다면 앞으로 절대 투자하지 말아야지 하는 생각을 가질 수도 있습니다. 그런데 많이 떨어졌다는 것은 다시 오를 일이 남았다고 생각해 볼 수도 있습니다. 오히려 모든 자산이 폭등하고 있을 때 뒤처질까 봐 무턱대고 투자하는 것이 더 위험할 수 있습니다. 투자 지식도 별로 없는데 무작정 뛰어들었다가 큰 손해를 본 사람들을 많이 봤습니다. 너무 많이 오른다는 것은 반대로 떨어질 가능성이 크다는 것이기 때문입니다.

✦ 돈을 벌고 싶으면 부자들을 따라 하자

사실 어렸을 때는 투자에 관해 진지하게 생각해 본 적이 없었습니다. 교과서에서도 가르쳐주지 않았고, 주변에 투자를 잘하는 사람도 없었습니다. 오히려 위험한 방식으로 투자하는 사람들만 보일 뿐이었습니다. 그런 사람들은 다른 사람들을 오히려 투자로부터 멀어지게 합니다. 또 돈이 있는 곳에는 원래 사기꾼들도 많아서 늘 조심해야 합니다.

그런데 세계적인 부자들이 재산을 어떻게 보유하고 있는지 한번 살펴보면, 현금만 가지고 있는 사람은 아무도 없다는 사실을 알 수 있습니다. 공부를 잘하고 싶으면 우수한 대학에 입학한 사람이나 우수한 인강 강사의 말을 믿어야 합니다. 마찬가지로 돈 관리를 잘하고 부자가 되고 싶다면 돈을 가장 많이 번 부자들의 말에 귀 기울일 필요가 있습니다. 물론 불법적인 방식으로 부를 축적한 사람들은 제외해야 합니다. 전 세계 0.01%의 슈퍼 부자라면 적어도 돈을 다루는 데는 도가 튼 사람들일 것입니다. 그런 사람들이 왜 은행에 저축만 하는 게 아니라 누군가는 위험하다는 주식이나 부동산을 가지고 있을까요? 그 사람들이 단지 탐욕스럽고 잘못된 생각을 하는 건 아닐 것입니다.

✦ 투자에 대한 유연한 마음을 갖자

소득이 없는 여러분이 아직 본격적으로 투자하기는 힘들지만, 성인이 되면 곧 투자할 기회가 찾아올 것입니다. 그 방법은 상대적으로 보수적이고 안전한 방법이 있고, 공격적이고 위험한 방법도 있습니다. 또 같은 투자라도 단기 투자를 하기보다 장기 투자를 하면서 안전성을 높이는 방법도 있습니다. 또 우리나라 자산이 불안하다면 해외 자산도 투자 대상이 됩니다. 투자도 공부하면 할수록 많은 것을 깨달을 수 있는 분야이며, 평생 해나가야 하는 공부입니다. 젊은 나이에는 투자로 일확천금만을 노리거나 무조건 위험하다고 피하는 잘못된 투자관을 지니지 않는 것만으로도 충분합니다.

가진 돈이 소액밖에 없으니 투자는 나중에 부자가 되고 나서야 배우겠다는 생각도 좋지 않습니다. 진짜 투자는 나중에 하더라도 마음만은 열어 두는 게 중요합니다. 아이폰이 처음 출시되었을 때 애플 주식을 백만 원 정도만 사 두었어도 지금쯤 약 6,000만 원이 되었을 것입니다. 어린 나이에 투자를 시작할수록 투자 경험을 많이 쌓고 좋은 자산에 오래 묻어 둘 수 있어 투자에 성공할 가능성이 크다는 점도 꼭 기억하기 바랍니다.

전 세계적인 투자의 대가들보다도 여러분이 더 유리한 점 한 가지가 있는데, 그건 바로 여러분이 가장 젊다는 것입니다. 제아무리 투자 실력이 뛰어나다고 할지라도 투자 기간이 긴 사람을 이겨 낼 수는 없습니다. 저 역시 스무 살로 돌아갈 수 있다면, 다른 건 몰라도 당장 투자 공부부터 시작할 것입니다.

Tipping point

- 투자는 위험하기만 한 것도 아니고, 일확천금을 안겨주는 것도 아니다.
- 세계적인 부자들 중 현금만 가지고 있는 사람은 아무도 없다.
- 어려서부터 건전한 투자관을 갖고 투자를 시작하면 남들보다 빨리 부자

  가 될 수 있다.

자기 힘으로 부를 이룬 사람들의 공통점

세상에는 부모님 재산이나 사업을 물려받아 부자가 된 사람도 있고, 자기 힘으로 자수성가하여 부자가 된 사람도 있습니다. 부모님 덕분에 어려서부터 경제적으로 여유로운 사람들을 흔히 금수저라고 표현하며 부러워하기도 합니다. 그런 사람들은 사실 전체에서 1%도 되지 않기 때문에 나머지 대부분인 99%는 결국 자기 능력으로 부를 키워나가야 합니다. 이미 출발선부터 다른 사람들을 부러워만 한다고 내 인생이 바뀌지는 않습니다. 자신도 얼마든지 부자가 될 수 있다는 긍정적인 마음으로 부자들의 성공 루트를 보고 배운다면 누구든지 부자가 될 수 있다고 생각합니다.

제 주변에도 남들보다 빨리 돈을 많이 모은 사람들이 있습니다.

그런 사람들을 만나다 보니 몇 가지 공통점을 발견했습니다. 저역시 좀 더 어렸을 때부터 이런 생각을 했더라면 얼마나 좋았을까하는 것들입니다.

✦ 부자는 '돈의 가치'를 잘 알고 있다

돈이 있으면 먹고 싶은 것, 사고 싶은 것을 언제든 살 수 있습니다. 이건 아마 누구나 잘 알고 있는 돈의 가치일 것입니다. 저는 어렸을 때 '돈이 행복의 전부가 아니다. 돈이 좀 적더라도 하고 싶은 일을 하고 사는 게 더 중요하며 가족, 친구와 사이만 좋다면 행복하게 살 수 있다.' 하고 생각했습니다. 물론 전혀 틀린 말은 아닙니다. 하지만 돈이 지닌 가치를 제대로 알지 못하고, 어느 정도는 경시했던 것 같습니다.

요즘 친구들은 사실 어렸을 때의 저보다 똑똑해서 돈이 지닌 가치를 잘 아는 편입니다. 그래서 굳이 '돈의 가치'에 대해 길게 얘기할 필요가 없을지도 모르겠습니다. 저는 나이를 먹을수록 돈이 얼마나 중요한지 새삼 깨닫고 있습니다. 부모님께 효도하기 위해서도 돈은 필요하고 친구 관계를 잘 유지하기 위해서도 돈이 필요합니다. 경제적인 여유가 있으면 가족이나 친구와 싸울 일도 현저히 줄어들게 됩니다. 세상을 살다 보니 수많은 갈등이 돈 때문에 일어나기도 합니다. 사회적으로 좋은 일에 쓰기 위해 기부를 하고자 해도 마음의 여유가 있어야 할 수 있습니다. 마음의 여유는 경제적인 여유로부터 나옵니다. 즉 모든 게 돈에서 시작됩니다.

어쩌면 어린 시절의 저는 은연중에 돈만을 추구하는 것이 탐욕적이고 비도덕적이라고 생각하고 있었는지도 모릅니다. 하지만 돈을 추구하는 게 전혀 나쁜 게 아니며 돈을 통해 많은 문제를 해결할 수 있다는 것을 알아야 합니다. 돈의 가치를 제대로 이해하는 게 돈을 많이 벌기 위해 가장 먼저 필요한 태도입니다.

❖ 부자는 적은 돈이라도 함부로 쓰지 않는다

돈을 잘 모으지 못하는 사람들의 특징 중 하나는 금액이 적은 돈을 쉽게 생각한다는 것입니다. "이거 5,000원밖에 안 하는 데 그냥 사지 뭐. 이게 만 원이면 진짜 할인 많이 하네." 이런 식으로 꼭 필요하지 않은 소비를 한다거나 금액이 적다면 돈 쓰는 걸 주저하지 않습니다. 그런데 이렇게 적은 금액이 모여서 금세 큰 금액이 되어 버리곤 합니다. 또 이런 사람들은 자기가 이번 달에 얼마나 썼는지 정확히 모릅니다. 사는 행위 자체에만 집중하기 때문에 계획적으로 소비할 줄 모르고 돈이 얼마 남았는지 잘 모르기도 합니다.

반면 부자들은 단돈 만 원이라도 쓸데없이 쓰지 않습니다. 부자 중에 구두쇠처럼 보이는 사람이 많은 이유입니다. 진짜 부자는 돈을 허투루 쓰지 않고 꼭 필요할 때 자신이 가치를 둔 것에만 씁니다. 자신의 취미 활동을 위해 고가의 물건을 사기도 하지만 가치가 없는 활동에 쉽게 돈을 쓰는 건 아닙니다.

✦ 부자는 저축과 투자를 중요하게 생각한다

저축과 투자의 중요성은 앞에서도 이미 여러 번 말했습니다. 가끔 돈이 없어서 저축도 못 한다는 사람들이 있습니다. 그런데 저축은 꼭 돈이 많아야 할 수 있는 게 아닙니다. 내가 버는 돈의 일부를 저축하는 습관 자체가 중요한 거지 처음부터 절대 금액이 큰 게 중요하지 않습니다. 저축하는 습관이 만들어지면 나중에는 소득도 커질 것이고 자연스레 저축액도 커질 것입니다. 그리고 아직 충분히 공부하지 않은 상태에서 큰 금액으로 투자를 시작하는 것은 위험할 수 있습니다. 그러니 처음에는 소액부터 시작하는 게 오히려 투자를 공부해 나가는 데도 좋은 기회가 될 것입니다.

여러분 중에는 꼭 부자가 되는 게 목표가 아닌 사람들도 있을 겁니다. 그런 사람들은 자꾸 '부자, 부자' 하는 말이 불편하게 들릴지도 모릅니다. 하지만 돈 관리를 잘하면 인생이 훨씬 여유로워질 수 있습니다. 그러니 부자들에게 배울 만한 점들은 꼭 가슴에 새기고 배워 두기를 바랍니다.

Tipping point

- **자기 힘으로 부자가 된 사람들은 돈의 가치를 잘 안다.**
  ➡ 돈을 많이 벌고자 하는 건 탐욕스러운 게 아니며, 돈으로 인생의 많은 문제를 해결할 수 있다.
- **부자들은 적은 금액의 돈도 소중하게 생각한다.**
  ➡ 적은 돈을 우습게 생각하는 사람들은 돈을 차곡차곡 모으기 어렵다.
- **부자들은 저축과 투자를 중요하게 생각한다.**
  ➡ 버는 돈의 일정 비율을 저축하는 습관부터 들이는 게 중요하다.

생각보다 다양한
돈 버는 방식

세상에 다양한 성격의 사람들이 어우러져 사는 것만큼이나 돈 버는 방법은 무척 다양합니다. 세상에 돈 버는 방식이 아주 다양하다는 것을 지금부터 알아두면 많은 도움이 된답니다.

1. 전 세계를 자유롭게! 디지털 노마드

매일 한 직장을 오가며 돈을 벌어야 한다는 것도 이제는 과거 세대의 개념입니다. '디지털 노마드'는 디지털 기기를 이용해 공간의 제약을 받지 않고 원하는 공간에서 자유롭게 일하는 사람들을 말합니다. 이들은 대개 프리랜서 개발자, 웹 디자이너, 작가 등으로 자기가 하고 싶은 장소에서 자유롭게 일해도 무방한 직업입니다. 또 인터넷을 통해 모든 자료가 전송되기 때문에 장소에 구애받지 않고 업무를 볼 수 있습니다.

요즘에는 한국 문화 콘텐츠의 인기로 인해 한국어를 배우려는 인구도 전 세계적으로 늘고 있습니다. 외국을 떠돌아다니며 살면서 오프라인이나 온라인으로 한국어를 가르쳐준다면 그것 또한 디지털 노마드가 될 수 있습니다.

2. 직업이 꼭 하나일 필요는 없다

이제는 직업을 꼭 한 개만 가져야 한다는 법도 없습니다. 제가 아는 사람 중에도 직장을 다니며 유튜브 크리에이터로 활동하는 사람들이 있습니다. 저 역시 한의사이면서 작가로 글도 쓰고 있습니다. 예전 시대에는 하나에만 집중해야 성공할 수 있다는 인식이 강했습니다. 그런데 실제로는 하나를 잘하는 사람이 다른 일도 잘하는 경우가 많았습니다. 그런 사람은 자신이 뭘 잘하는지 스스로 잘 파악하기 때문에 정말 잘할 수 있는 것에 도전합니다. 연예인 중에는 가수나 배우를 하면서 사업도 하고 유튜브도 하는 사람이 많습니다. 다양한 일을 하면 오히려 한 가지 일만 반복할 때 생길 수 있는 지루함이나 권태로움을 해소할 수 있다는 장점도 있습니다.

3. 노동 소득과 자본 소득을 얻자

꼭 땀 흘려 일해야만 돈을 벌 수 있는 건 아닙니다. 일해서 버는 돈을 '노동 소득'이라고 한다면 투자를 통해서 버는 '자본 소득'도 얻을 수 있습니다. 대개 직접 일해서 번 돈의 일부를 투자하여 더 많은 부를 축적하는 경우가 많습니다. 투자의 대상은 일반적으로 주식이나 부동산이 있지만, 그 외에도 금, 암호화폐 같은 것도 있습니다. 요즘에는 미술품이나 유명인의 물품, 한정판 굿즈 등 매우 다양합니다. 자신이 관심 있고 유망한 분야라 생각되면 무엇이든 투자의 대상으로 생각해 볼 수 있습니다.

4. 자고 있어도 돈을 벌 수 있다

흔히 건물주가 꿈이라는 말을 합니다. 건물주는 따로 일을 안 해도 월세 수입이 꾸준히 들어오기 때문입니다. 마찬가지로 한 번 작업을 해두면 계속해서 수입이 들어오는 일도 있습니다. 저는 제가 쓴 책이 팔리면 인세가 들어옵니다. 제가 쓴 소설 중에는 웹툰으로 만들어져 해외에 판권이 수출된 것도 있어서 해외 플랫폼에서 판매가 될 때마다 추가로 정산받을 수 있습니다. 제가 운영하는 블로그에서는 광고 수익을 받고 있습니다. 이처럼 저작권료, 인세, 블로그나 유튜브 수익 등은 한번 좋은 콘텐츠를 생산해 놓으면 플랫폼을 통해 판매되거나 소비될 때마다 추가로 수익이 생길 수 있습니다. 그야말로 내가 잠자고 있을 때도 계속해서 수익이 생기는 구조입니다.

이 세상에 돈 버는 방법은 정말 다양하다는 것, 꼭 하나의 직업으로만 돈을 벌지 않아도 되며, 직장에 얽매이지 않아도 돈을 벌 수 있다는 사실을 알기만 해도, 또 돈에 관한 생각을 유연하게 하며 다양한 분야에 관심을 가질수록 나중에 돈 버는 루트도 훨씬 다양해질 수 있습니다.

제가 다시 20대 초반으로 돌아간다면 단순히 과외 아르바이트만 하지 않고 다양한 방식으로 돈을 벌어서 많은 경험을 쌓고 싶습니다. 그러려면 10대 때부터 돈벌이에 관한 생각이 말랑말랑하게 열려 있어야 합니다. 우리는 보통 학생이었다가 직장인이 되면서 주된 관심사가 '공부'에서 '일과 돈'으로 정신이 어질어질할 정도로 빨리 바뀌어 버리고 맙니다. 하지만 제 생각에는 학생 시절에 돈에 대해 많이 생각해 보아야 나중에 원하는 일을 할 수도 있고, 돈도 잘 벌 수 있는 것 같습니다.

Tipping point

- 돈을 버는 방법에 대해 폭넓은 사고를 갖자.

  ➡ 직장을 다니지 않고 세계를 떠돌면서도 돈을 벌 수도, 땀 흘려 버는 노동 소득 이외에 투자해서 버는 자본 소득도 얻을 수 있다. 그러니까 꼭 하나의 직업만 가지라는 법은 없다.

- 장래 희망을 떠올려 보듯이 미래에 나는 어떤 방식으로 돈을 벌고 싶은지 상상해 보자. 돈벌이가 괴롭지 않고 즐거운 일이 될 수 있다.

돈을 버는
3단계 과정

우리가 어렸을 때 돈을 벌 수 있는 건수는 대개 부모님의 심부름을 한 대가를 받거나 명절 때 세뱃돈을 받을 때였습니다. 우리가 이렇게 가장 먼저 버는 돈은 사실 가족이나 친척의 돈이 나에게 돌아오는 것입니다. 진정한 의미로 경제활동을 해서 벌었다고 말하기는 어렵습니다.

그러다가 스무 살이 되어 아르바이트를 시작하면 식당이나 카페에서 일할 수 있습니다. 거기서는 시급 단위로 돈을 받습니다. 시급이 만 원이라면 한 시간 일할 때마다 만 원씩 받는 것으로, 이게 돈을 버는 두 번째 단계입니다. 대학 때부터 아르바이트를 통해 생활비를 벌거나 데이트 비용을 버는 친구들도 많습니다. 이렇게 돈을 버는 경험은 돈이 얼마나 소중한지 깨닫는 데 도움이 되고, 사회생활도 경험해 본다는 점에서 좋습니다.

마지막으로 세 번째 단계는 정해진 시급을 받는 게 아니라 내가 성과를 낸 만큼 돈을 버는 것입니다. 예를 들어 군고구마 장사를 한다고 생각해 보면, 그날 고구마를 몇 개나 팔았느냐에 따라 버는 돈이 달라지는 것입니다. 쉽게 말해, 직접 장사를 한다고 생각하면 되겠습니다.

돈을 버는 3단계 과정

1단계 : 부모님이나 친척으로부터 받는 용돈

2단계 : 식당이나 카페 등에서 시급을 받는 아르바이트

3단계 : 군고구마 팔기처럼 직접 장사하기

돈을 벌어보려는 학생에게 2단계와 3단계 방식 중에서 어떤 것을 택하고 싶냐고 물어본다면 많은 친구가 2단계를 택할 가능성이 큽니다. 2단계 방식은 카페 주인이 알려주는 대로 배워서 하고, 일을 잘못하거나 손님이 좀 적더라도 시급은 정확히 받을 수 있기 때문입니다. 저 역시 두 번째 방식을 택했을 것 같습니다. 아직 돈을 벌어본 경험이 없다면 두 번째 단계부터 시작하는 게 좋습니다.

그런데 두 번째 방식으로만 일하면 대다수 사람이 시키는 것만 잘할 가능성이 큽니다. 아르바이트생이 주로 하는 고민은 몇 시까지 무슨 일을 끝마쳐야 한다든가, 사장님이 시키는 대로 잘했는지에 관한 것입니다. 하지만 어떻게 하면 더 많이 팔 수 있을까, 새로운 메뉴나 아이템은 뭐가 있을까에 대한 고민은 하지 않게 됩니다.

✧ 사장이 되어 보자

본인이 직접 군고구마를 판다면 어떨까요? 어디서 고구마를 사와야 가격이 싸면서도 품질은 좋을지부터 고민해야 합니다. 그래야 고구마가 잘 팔리고 또 한 개를 팔았을 때 나한테 남는 돈이 더 커지기 때문입니다. 또 어느 장소에서 팔아야 군고구마를 좋아하는 사람들이 많을지도 고민하게 됩니다. 만약 생각만큼 잘 안 팔리면 무엇이 잘못인지 다시 고민해 볼 수도 있습니다. 고구마 맛이 문제인지, 굽는 데 너무 오래 걸리는 게 문제인지, 고구마를 좋아하는 사람들이 주변에 너무 없는 건 아닌지 그러한 문제들을 찾아서 해결책을 고민해 봅니다. 즉 3단계에서는 고민하는 내용 자체가 수동적인 영역에서 능동적인 영역으로 바뀝니다. 처음에는 막막하게 생각되겠지만, 자기가 직접 하나하나 해나가는 과정이 모두 엄청난 공부가 될 것입니다.

2단계 방식으로 아르바이트하는 것보다 오히려 3단계 과정이 나중에 기업에 취직을 하거나 자기 사업을 한다고 할 때 크게 도움이 될 수 있습니다. 기업에서도 항상 강조하는 게 주인 의식을 가지라는 것입니다. 자기가 사장이라 생각하면서 어떻게 하면 더 많은 고객에게 내 상품이나 서비스를 알리고 개선해 나갈지 고민하는 일이 매우 중요한 부분이기 때문입니다. 3단계를 직접 연습해 본 사람은 이런 관점에서 더 잘 생각할 수 있을 것입니다. 그뿐만 아니라 이렇게 직접 장사를 해보면 내 적성이 무엇인지 찾는 데도 도움이 될 수 있습니다. 전체적인 기획이 재밌는지, 홍보 계획을 짜는 게 재밌는지, 직접 사람을 만나 고구마를 사라고 설득하는 과정이 재밌는지 알아볼 수 있습니다. 만약 오프라인에서 이런 판매를 하는 게 현실적으로 어렵다면 온라인을 통해서 판매해 볼 수도 있습니다.

아직 학생일 때는 학교 축제가 열릴 때 음식 같은 걸 팔아볼 수도 있습니다. 만약 뭔가를 팔아볼 기회가 생긴다면 고객인 다른 친구들이 뭘 좋아할지 고민해 보는 게 많은 도움이 됩니다. 중요한 건 얼마나 많이 팔았는지가 아닙니다. 어떻게 하면 많이 팔 수 있을까 고민하는 과정, 그리고 적게 팔렸다면 어떤 부분이 문제이고 어떻게 해결할지를 고민하는 과정입니다. 이것이 모든 기업이 성장하는 기본적인 원리이기 때문에 이런 고민을 통해 여러분도 많은 성장을 할 수 있답니다.

지금 당장은 공부하느라 바쁘지만, 꼭 지금이 아니더라도 나중에 본격적인 직장을 구하기 전까지는 돈 버는 3단계 과정을 모두 경험해 보기를 추천합니다. 그러면 세상을 보는 눈이 달라질 것입니다.

Tipping point

- 시급을 받는 아르바이트를 하는 것과 내가 직접 사장이 되어 군고구마를 파는 일에서 완전히 다른 걸 배울 수 있다.
- 사장의 관점에서 생각해 볼 때, 능동적으로 많은 아이디어를 낼 수 있고 문제도 해결할 수 있다.
- 학교 축제 때 뭔가를 팔 기회가 있다면 자신만의 아이디어를 펼쳐 보자. 많이 파는 게 중요한 게 아니라 어떤 게 인기가 있을지, 왜 안 팔리는지 고민하는 과정이 중요하다.

5장

하루빨리
성공하고 싶어요
– 어떻게 해야 성공할까?

성공하는 사람들의 공통점

박찬욱 감독의 《헤어질 결심》이란 영화에 출연한 배우 탕웨이는 한 시상식에서 수상 소감으로 이런 말을 했습니다.

"배우라는 직업을 가진 사람은 평생 하나의 좋은 시나리오와 캐릭터를 기다리며 삽니다. 그게 어떤 때는 몇 달, 몇 년, 심지어는 몇십 년을 기다리기도 합니다. 저는 송서래(주인공 역)라는 사람을 만난 게 정말 행운이라고 생각합니다. 정말 감사합니다."

저는 이 짧은 인터뷰를 보고 이 배우가 생각했던 것보다도 훨씬 더 대단한 사람이라고 느꼈습니다. 탕웨이라면 굉장히 유명하고 성공한 배우임에도 불구하고 그녀는 자신의 뛰어난 재능이나 힘들게 노력한 점은 전혀 내세우지 않고서 단지 때를 기다려 왔다는 듯한 겸손한 표현을 썼습니다. 즉 아무리 자기 능력이 출중하더라도 기회가 찾아오지 않는다면 성공할 수 없다는 말입니다.

가끔 나만 따라 하면 무조건 성공한다고 말하는 사람을 보기도 합니다. 마치 자기가 세상의 모든 성공 법칙을 꿰뚫고 있는 것처럼 말입니다. 하지만 그런 사람은 자신이 성공하는 과정에서 우연히 찾아온 타이밍이나 행운 등이 미치는 영향을 간과하고 있을 가능성이 큽니다. 만일 그 사람 말이 정말 맞는다면, 누구나 성공하는 방법이 이미 세상에 널리 퍼져 모두 성공했을 것입니다.

✦ 자기 확신과 꾸준함이 중요하다

성공한 사람들을 보면 몇 가지 공통된 특징이 있는데, 우선 반드시 뭔가를 이뤄내고 말 것이라는 자기 확신이 있습니다. 자기 확신이 없다면 대개 작은 위기를 만났을 때 쉽게 포기해 버립니다. 만약 어떠한 일에 확신이 들었다면 다른 사람이 뭐라 하든 묵묵히 해나가는 꾸준함이 필요합니다. 탕웨이는 수상 소감에서 좋은 시나리오와 캐릭터를 기다린다고 표현했습니다. 이 말이 아무런 노력도 하지 않으며 가만히 앉아서 기다리는 것을 의미하지는 않습니다. 그런 수동적인 기다림이 아닌 꾸준히 자기 연기에 대해 고민하고 다양한 작품에 출연하면서 실력을 갈고닦아 온 것을 말합니다. 그랬기 때문에 자신에게 가장 잘 어울리면서 스스로 만족할 수 있는 역할을 맡게 된 것입니다.

특정 분야에서 반드시 성공을 거두고 싶다면, 자신이 좋아하거나 관심 있는 분야를 선택하는 게 중요합니다. 이렇게 오랜 시간이 걸리는 일을 포기하지 않고 끝까지 해나가려면 적어도 자신이 싫어하거나 확신이 없는 일은 택하지 말아야 합니다. 그렇지 않으면 금방 지치거나 다른 사람의 말에 쉽게 흔들리고 말 것입니다.

아무리 자신의 재능이나 능력이 뛰어나더라도 성공할 시기는 정확히 예측할 수 없습니다. 어떤 사람은 운이 좋아서 남들보다 빨리 빛을 발할 수 있고, 어떤 사람은 뒤늦게야 사람들이 알아봐줄 수도 있습니다. 중요한 것은 자기 확신을 갖고 꾸준히 실력을 쌓아온 사람에게만 빛날 기회가 찾아온다는 것입니다. 그렇지 않은 사람에게는 아예 기회조차 주어지지 않습니다.

✦ 꼭 공부가 아니어도 된다

10대에는 자신이 좋아하는 일이 아직 없을 수도 있습니다. 만일 공부로 승부를 보고 싶다면, 반드시 공부라는 분야에서 뛰어난 실력을 갖추겠다는 자기 확신이 필요합니다. 그런 후 그저 꾸준히 해나가면 됩니다. 그런데 공부가 내 길이 아니라는 생각이 든다면 어떻게 해야 할까요? 그렇다고 해서 자신이 지닌 잠재력을 쉽게 포기하면 안 됩니다. 중고등학생 시절에는 어쩔 수 없이 공부나 시험 점수가 모든 것의 판단 기준이 되기 쉽습니다. 그래서 내가 공부를 못한다고 하면 다른 분야에서도 주변 사람들의 기대치가 낮을 수 있습니다.

"공부도 상위권에 들지 못하는데 다른 걸 한다고 되겠어?"

주변 사람들뿐만 아니라 학생 자신도 이렇게 생각하기 쉽지만, 공부는 단지 하나의 기준일 뿐이며, 학창 시절에는 과하게 그 기준에 가중치가 적용될 뿐입니다. 여러분은 다른 수만 가지 분야 중 하나에서 얼마든지 두각을 나타낼 수 있습니다.

중요한 것은 자기가 확신을 가질 수 있는 분야를 만나는 일입니다. 그러니 공부 좀 못한다고 자신감을 잃지 말고, 무언가를 해낼 수 있다는 마음으로 자기 자신부터 믿어봅시다. 만약 그런 분야를 찾았다면, 그저 인내를 갖고 꾸준히 해나가면 됩니다.

 Tipping point

- 자기 확신을 갖고 꾸준히 실력을 쌓아온 사람에게만 빛날 기회가 찾아온다.
  ➡ 꾸준히 해오지 않은 사람에게는 아예 기회조차 오지 않는다.
- 공부를 못한다고 자신이 가진 잠재력도 포기하지 말자.
  ➡ 세상의 여러 가지 분야 중 하나에서 얼마든지 두각을 나타낼 수 있다.

말하기와 글쓰기는 절대 포기하지 않기

우리는 각자 다른 목표나 꿈을 지니고 살아갑니다. 자신이 원하는 것을 이루기 위해 필요한 것은 사람에 따라, 분야에 따라 재능과 노력, 운 등 모두 다를 것입니다. 하지만 아직 꿈이나 성공 같은 단어들이 멀게만 느껴진다면, 그런 사람들에게 저는 이것부터 시작하라고 말하고 싶습니다.

바로 말하기와 글쓰기입니다. 가장 흔하지만, 결국 가장 중요한 능력이 바로 이 두 가지입니다. 또 이 능력은 두 가지 같지만 결국 하나입니다. 말을 잘하면 글도 잘 쓰게 되고, 글을 잘 쓰면 말도 잘할 수 있게 됩니다. 무엇보다 핵심은 자신의 머릿속 생각을 정리하여 일목요연하게 표현하는 능력입니다.

◈ 평생 유용한 능력은 말하기와 글쓰기다

세상을 살다 보면 말하기와 글쓰기 능력이 필요할 때가 생각보다 많다는 사실을 깨닫게 됩니다. 당장 대학에 입학하고 시험을 볼 때 답안을 논술식으로 써야 하고, 과제도 글로 여러 장을 작성해야 합니다. 또 다른 친구들 앞에서 프레젠테이션할 기회도 많아집니다.

대학 졸업 후에는 직장에 취직하려고 해도 여러 사람 앞에서 면접부터 보고, 직장에서도 보고서를 쓰거나 발표할 일이 많습니다. 고객을 직접 상대하는 직업을 갖게 되어도 자신의 상품이나 서비스에 대해 잘 설명하는 능력이 필요합니다. 창업한다고 해도 투자받기 위해서는 자신의 아이템에 대해 매력적으로 소개할 수 있어야 합니다. 그러니 대학 생활, 취업, 승진, 창업 등 앞으로 무슨 일을 하든 간에 말하기와 글쓰기 능력을 갖추고 있다는 것은 엄청난 장점이 될 수 있습니다. 심지어 말하기 능력이 뛰어나면 실제 실력이 조금 부족하더라도 훨씬 더 실력 있어 보이는 효과가 있답니다. 반대로 말을 잘하지 못하면, 아무리 똑똑해도 그렇지 않아 보일 수 있습니다.

저는 내향적인 성격을 지녔던 탓에 어려서부터 남들 앞에 나가서 발표하는 것을 썩 좋아하지 않았습니다. 발표공포증 같은 게 있어서 많은 사람 앞에만 서면 긴장하고 목소리가 떨리며, 마이크를 잡은 손도 덜덜 떨렸습니다. 이런 성격 때문에 발표할 일이 생기면 다른 친구에게 미루거나 조별 과제가 있어도 자료 조사 같은 것만 담당했습니다. 끝까지 피해 갈 수 있으리라 생각했는데, 결국 맞닥뜨려야 하는 순간은 취업을 위해 면접을 봐야 할 때였습니다. 좋은 회사에 취업하기 위해 그동안 학점 관리도 하고 대외 활동도 하며 여러 가지 준비를 해왔습니다. 그런데 다른 무엇보다 가장 중요한 면접이 제 약점이었습니다. 그래서 6개월 동안 모의 면접 연습을 하는 등 수많은 노력을 했습니다. 결국 원하는 회사에 합격할 수 있었지만, 기회가 있을 때 미리 발표 연습을 해두었으면 이 과정이 훨씬 쉬웠겠다는 생각이 들었습니다.

❖ 발표의 선순환을 택하자

여러 사람 앞에서 말하는 것도 사실 해보면 해볼수록 실력이 늘고 긴장도 줄어듭니다. 그런데 발표공포증이 있는 사람들은 발표할 기회가 생길 때마다 계속 피하려고만 하니 실력이 늘 기회를 놓치게 됩니다. 반면 발표를 잘하는 학생에게는 계속 기회가 오고, 발표할 때마다 다시 연습이 되고, 점점 더 잘하게 되니까 자신감이 붙습니다. 이렇게 발표라는 것은 누군가에게는 선순환, 누군가에게는 악순환이 될 수 있습니다.

제가 만일 다시 10대로 돌아간다면 남들 앞에서 말하는 게 싫더라도 좀 더 용기를 내 볼 것 같습니다. 발표의 악순환 고리에서 벗어나 선순환으로 더 빨리 갈아타는 것입니다. 물론 발표해야 하는 순간에는 긴장되고 머리가 멍해질 수도 있으며, 그러다가 실수도 할 것입니다. 하지만 나중에 성인이 되어서 더 중요한 순간에 발표 때문에 모든 것을 망쳐 버릴지도 모르니, 차라리 어려서부터 일찌감치 남들 앞에서 조리 있게 말하는 습관을 들여서 평생 도움이 되는 탁월한 능력을 키우는 게 현명합니다.

100명 앞에서 발표하는 일은 전문 강사나 발표자가 아닌 이상 누구든 긴장할 수 있습니다. 그래서 우선은 세 명 앞에서 말해 보고, 다음에는 다섯 명, 열 명 이렇게 단계적으로 청중을 늘리는 방식을 추천합니다. 원하는 분야에서 말을 잘하는 예시가 필요하다면, 유튜브에 해당 주제를 검색해서 인기 동영상이 어떤 형식으로 구성되었는지 분석해 보는 것도 좋은 방법입니다. 이제부터는 사람들 앞에서 말할 기회가 있다면, 놓치지 않고 조금만 더 용기를 내보기 바랍니다. 분명 여러분의 삶에 커다란 변화의 물결을 가져올 거라 확신합니다.

 Tipping point

- 말하기와 글쓰기는 대학 생활, 취업, 승진, 창업 등에 꼭 필요한 능력이다.
- 발표를 안 하고 피할수록 더 못하는 악순환이 생기고, 발표를 많이 할수록 더 잘하는 선순환이 일어난다.

진짜 실력이
중요해진 세상

취업 준비를 하던 시절, K기업에서 영어 면접을 본 적이 있습니다. 저랑 같은 조에 배정된 한 학생이 자기 소개할 때 들어보니 외국에서 대학을 나왔다고 했습니다. 저는 '하필이면 외국물 먹은 친구랑 같은 조에 배정되다니!'라고 생각하며 더 긴장했었습니다. 그런데 막상 그 친구가 면접관의 질문에 답변하는 걸 듣고는 귀를 의심할 수밖에 없었습니다. 정말 외국 대학을 나온 게 맞나 의심스러울 정도로 말을 버벅거렸기 때문입니다. 아무리 외국에서 공부했어도 본인의 생각을 조리 있게 전달하는 능력이나 논리력이 뒷받침되지 않으면 멋지게 대답하기 어려운 일입니다.

주변에 토익이나 토플 점수는 높은데 막상 외국인과 만나면 제대로 말을 못 하는 사람이 꽤 많았습니다. 또 다양한 분야에서 많은 자격증을 취득했는데 막상 한 분야에서도 전문성을 갖추지 못한 사람도 있었습니다.

저 역시 어렸을 때는 이런저런 자격증을 많이 따면 성취감도 있을 것 같고 멋있어 보인다는 생각에 도전해 볼까 하는 생각을 했었습니다. 그런데 그렇게 다양한 분야에서 자격을 취득하는 건 사실 자기만족 그 이상을 얻기는 어렵습니다. 누구나 도전해서 딸 수 있는 자격증들은 사실 6개월~1년 정도만 시간을 투자하면 됩니다. 거기다 어떤 분야든지 얕은 지식을 갖춘 사람은 세상에 넘쳐납니다. 그보다는 한 분야를 진득하게 파고 들어간 사람이 전문가 대우를 받고 사회에서도 인정받을 수 있습니다.

학생들을 알기 쉽게 잘 가르치는 강사라고 해서 모두 해당 전공으로 박사까지 한 사람들은 아닙니다. 오히려 학사만 취득했더라도 초보자의 눈에서 알기 쉽게 설명하는 강사들도 많습니다. 우리는 보통 높은 학위를 갖추면 당연히 그 사람이 지식을 전달하는 실력도 월등하겠다고 생각합니다. 물론 아는 지식이 더 많을 수는 있지만, 그 지식을 얼마나 잘 전달하는가는 다른 문제입니다. 마찬가지로 꼭 유명한 요리 학교를 나와야만 고급 레스토랑을 차려서 성공하는 것은 아닙니다. 혼자 요리를 터득한 사람이라도 맛이 뛰어나면 사람들에게 인정받고 돈도 더 많이 벌 수 있습니다.

✦ 자격·면허보다 실력을 키워야 성공한다

과거에는 점수나 자격, 학위 등이 많은 것을 보여주고 그것만으로도 충분히 인정받을 수 있었습니다. 하지만 요즘에는 그에 걸맞은 실력을 갖추지 않으면 아무리 좋은 자격이나 학위가 있더라도 좋은 대우를 보장받기 힘듭니다.

전문직도 마찬가지입니다. 변호사나 의사 같은 자격이나 면허를 취득하였다고 해서 모든 게 보장되던 시대는 막을 내리고 있습니다. 이미 몇몇 전문직은 무한 경쟁에 돌입했고, 현재 면허 취득만으로 고소득을 보장받는 직종도 앞으로도 계속 그럴 거라는 법이 없습니다. 끊임없이 노력해야 하는 현실이 어찌 보면 괴로울 수 있지만, 안일하게 면허나 자격만 믿는 사람들은 미래에 큰 타격을 입게 될지도 모릅니다.

저는 뒤늦게 진로를 바꿔 한의사가 되었습니다. 하지만 한의사가 되었다고 모든 게 보장된다고 생각하지는 않습니다. 한의대에서 공부하며 몇 년 고생한 대가로 평생 잘 먹고 잘산다는 생각으로 이 길을 가면 도태되기 딱 좋은 상황입니다. 그래도 아직 전문직은 노력한 만큼 성장할 수 있다고 생각해서 시작한 것입니다.

결국 자기 실력을 키우는 게 가장 중요하며, 실력 중심인 사회가 더 공정하다는 생각도 듭니다. 실력이란 계속 공부해서 자기 분야의 지식을 쌓는 것뿐만 아니라 고객 및 직원들과 잘 소통하는 능력, 경영 및 마케팅 능력 등을 모두 포함합니다. 앞으로 어떤 자격증이나 면허증, 학위, 점수를 취득할 일이 있을 때, 자격이나 점수를 따는 것 자체에만 초점을 두기보다는 취득 후에 어떠한 실력을 갖추고자 하는가에 목표를 두어야 합니다. 그래야 그 자격에 걸맞은 진짜 실력자가 될 수 있습니다.

Tipping point

- 점수나 자격, 학위만으로 인정받는 시대는 이미 저물어가고 있다.
- 실력 중심인 사회가 더 공정하며 앞으로는 더욱 실력이 중심이 될 것이다.
- 단순히 자격이나 학위를 따는 데 목표를 두지 말고, 이를 바탕으로 어떤 실력을 갖추고 싶은지를 고민해 보자.

자기 힘으로 크게 성공한 사람들의 과거를 살펴보면 의외로 가난한 유년 시절을 보냈다는 경우가 많습니다. 또 원래 가난한 게 아니라 사업 실패 등으로 커다란 빚을 지고 있었던 사람들도 많고 나중에는 그 빚을 다 갚고 부자가 될 정도로 크게 성공했다는 사람들이 있습니다. 하도 이런 말을 많이 듣다 보니, 자신의 성공담을 더 극적으로 보이기 위해 과장한 측면이 있지 않나 의심할 정도입니다. 그런데 잘 생각해 보면 결핍이 없었다면 더 나아지고자 하는 욕망이 크지 않았겠다는 생각이 듭니다. 이미 풍족하게 잘살고 있다면, 굳이 또 뭔가를 얻기 위해 있는 힘껏 노력할 마음이 생기지 않을 것 같습니다.

대부분 새로운 회사들이 탄생한 계기는 자기가 생활하면서 불편하다고 느끼는 것을 개선하는 서비스로 시작하는 경우가 많습니다. 세계적인 숙박 서비스 업체로 유명한 '에어비앤비'라는 회사 역시 그렇습니다. 에어비앤비는 호텔이 아닌 자기 집이나 방을 손님이 묵을 수 있게 빌려주는 서비스를 제공하고 있습니다. 에어비앤비의 창업자들은 당장 월세 낼 돈이 없어서 어떻게 하면 좋을까 고민하다가 자신들의 빈방을 빌려주면서 서비스를 시작했다고 합니다. 만약 그들이 풍족하게 지냈다면 이런 서비스를 생각도 할 수 없었을 것입니다. 살면서 귀찮고 불편한 일이 많다는 건 그만큼 힘들고 고된 일일 수 있습니다. 하지만 반대로 생각해 보면 새로운 사업을 구상할 기회가 많다고도 볼 수 있습니다.

◈ 결핍이 오히려 성장의 밑거름이 된다

결핍이란 거창하게 창업하는 데만 좋은 게 아닙니다. 20대에 한창 외국어 공부에 열중했었는데, 영어나 일본어 회화는 책으로만 공부해서는 크게 실력이 늘지 않았습니다. 그렇다고 일대일로 수업받는 회화 학원에 다니기에는 수업료가 너무 비쌌습니다. 어쩔 수 없이 다른 방법을 찾다가 대학교에서 진행하는 외국인 교환학생 도우미 프로그램을 알게 되었습니다. 한국에 유학 온 학생들의 친구가 되어 적응을 도와주는 프로그램이었는데 교환학생 도우미를 하면 외국어 쓸 기회도 많겠다는 생각이 들었습니다. 처음 외국인 친구를 만났을 때는 기본적인 영어 문장도 더듬거리면서 말했지만, 시간이 갈수록 자연스레 영어 회화 실력도 많이 늘었습니다. 훗날 유럽 여행을 갔을 때 그때 사귄 친구의 집에 놀러 가기도 하고, 나중에는 그 친구의 결혼식까지 초대받아 갔었습니다. 만약 평범하게 영어 학원에 다녔다면 결코 얻을 수 없었던 소중한 인연과 경험까지 얻은 것입니다.

경제적으로 풍족한 사람은 살면서 불편한 부분을 대개 돈으로 해결할 수 있습니다. 그래서 문제에 대해 깊이 생각할 필요도 없습니다. 하지만 돈이 부족한 사람은 다양한 방법을 고민할 수밖에 없습니다. 사실 돈을 아끼거나 돈을 쓰지 않는 문제 해결 방법을 고민하는 일이 괴로운 과정일 수 있습니다. 하지만 이런 경험을 하면 할수록 자신의 '문제 해결 능력치'가 점점 올라갑니다. 그리고 이 경험이 익숙해지면 나중에는 꼭 돈과 관련된 문제가 아니더라도 무엇이든 곧잘 해결할 수 있는 능력이 생깁니다. 인생을 살아가며 겪는 각종 문제 상황을 빠르고 유연하게 해결하는 능력이 말입니다.

누구나 한 번쯤은 '우리 집이 아주 잘살아서 사고 싶은 건 뭐든 살 수 있고, 하고 싶은 건 뭐든 할 수 있었으면 좋겠다.' 하고 생각해 본 적 있을 것입니다. 그런데 살면서 진짜 재밌는 경험이나 기회는 꼭 그런 풍요로움에서 찾아오지는 않았습니다. 그리고 내가 열심히 고민하고 노력한다면 얼마든지 돈으로는 얻을 수 없는 값진 경험을 쌓을 수도 있습니다. 그러니 나에게 남들보다 결핍된 부분이 있더라도 오히려 이게 기회가 될 수도 있다는 마음가짐을 갖는다면 인생을 살아가는 데 큰 도움이 될 것입니다.

 Tipping point

- 경제적으로 풍요로울 때보다 돈이 부족하거나 삶에 불편함을 느낄 때 필요와 절실함에 의해 반짝이는 아이디어가 나올 수 있다.
  ➡ 위대한 창업자들은 대개 이런 일상 속의 불편함을 개선하는 과정에서 새로운 회사를 만들고 성장시켰다.
- 결핍으로 인한 문제를 해결하는 과정을 통해서 '문제 해결 능력치'가 올라간다.
  ➡ 돈을 아끼거나 돈을 쓰지 않고 문제를 해결하려는 과정에서 삶의 지혜를 깨우칠 수 있다. 나중에는 살면서 겪는 어떤 문제든 빠르고 유연하게 해결할 수 있다.

돈보다 소중한
시간의 가치

어린 시절에는 항상 시간이 넘친다고만 생각했습니다. 오늘 열심히 공부하든지, 신나게 놀든지, 내일이 또 있고 이런 삶이 계속 반복될 것만 같았습니다. 시간이 빨리 흘러가는 것 같지도 않고, 오히려 지루할 때가 많았습니다. 그래서 매일매일 빈둥대며 보내기도 하고, 별로 중요하지 않은 일에 많은 시간을 허비하기도 했습니다. 젊었을 때는 누구나 시간의 소중함을 모릅니다. 저 역시 젊었을 때는 그저 이런 젊음이 영원하리라 생각했습니다.

대다수 사람은 나이가 들고 나서야 비로소 시간이 소중하다는 것을 알게 됩니다. 그렇지만 시간이 지닌 그 무한한 가치는 한 살이라도 어렸을 때 아는 것이 좋습니다. 시간의 가치를 아는 사람이 꿈을 이뤄낼 수 있기 때문입니다.

무언가를 이룬 사람들을 잘 살펴보면 시간을 아끼고 쪼개서 쓰는 시간 관리의 달인들이란 생각이 듭니다. 그래서 성공한 사람 중에는 자신이 집중하는 일 외에는 모두 다른 사람한테 돈을 주고 일을 맡깁니다. 운전은 운전 기사에게, 요리는 요리사에게, 청소는 청소부에게 맡깁니다. 여러 사람의 월급을 모두 주더라도 운전하거나 요리, 청소할 시간에 자신은 그보다 몇십 배 많은 돈을 벌 수 있으니 가능한 일입니다. 운전할 시간도 아까워서 기사를 고용하고 차 안에서 자기 일을 한다는 것은 그만큼 시간의 가치가 극대화된 사람으로, 이들은 가능하다면 돈으로 다른 사람의 시간을 사려고 합니다.

그 사람들은 이미 성공했고 몸값이 높으니까 그렇게 시간을 아끼고 쪼개서 쓰는 것이기도 하지만, 그들은 이미 성공하기 전부터 시간이 지닌 가치를 정확하게 이해하고 있습니다. 성공하고 난 후부터 시간을 아끼는 것이 아니라 원래 자신의 시간을 소중히 여기고 가치 있는 곳에 써 왔기 때문에 성공할 수 있었던 것입니다. 그러니 여러분도 언젠가 성공하면 시간을 아끼겠다고 마음먹기보다는 지금부터 시간을 관리하는 습관을 들이는 편이 좋습니다. 시간의 진정한 가치를 모르는 사람은 평생 자신의 소중한 시간을 허비하며 그 자리에 머무를 수밖에 없답니다.

✦ 지금은 날 위한 투자가 더 중요하다

간혹 어렸을 때부터 온종일 아르바이트를 해서 돈을 열심히 버는 학생이 있습니다. 직접 돈을 벌어보는 경험은 분명 인생에서 무척이나 중요하고, 그렇게 노력하는 모습이 대견하기도 합니다. 10대 시절에 단기간 아르바이트는 좋은 경험이라고 생각합니다. 하지만 일을 한다는 건 곧 내 시간을 돈과 바꾸는 것입니다. 그래서 아직 나이가 어릴 때는 정해진 시급을 받으며 일하는 시간보다 자신의 미래에 투자하는 시간이 훨씬 더 많아야 합니다.

지금 당장 돈을 버는 것보다, 미래의 몸값을 높이기 위해 시간을 투자하는 쪽이 인생 전체를 놓고 봤을 때 훨씬 더 효율적이기 때문입니다. 집안 사정이 어려워 어쩔 수 없이 일해야 하는 안타까운 경우는 할 수 없지만, 그게 아니라면 젊었을 때 몇 년만 자신의 미래에 투자하길 바랍니다. 그러면 여러분의 몸값은 지금보다 2~5배, 많게는 10배 그 이상도 오를 수 있습니다. 지금 10시간 일해야 버는 돈을 그때는 1시간만 일해도 벌지 모릅니다. 이는 단지 돈을 많이 버는 것뿐만 아니라 미래에 9시간이라는 여유 시간을 벌 수 있다는 의미이기도 합니다. 그것도 한 번이 아닌 평생 그럴 것입니다.

여러분은 미래에 한 시간 일했을 때 얼마를 버는 사람이 되고 싶은가요? 지금 시간을 어떻게 쓰느냐에 따라 1만 원이 될 수도,

10만 원이 될 수도 있습니다. 여러분의 소중한 시간을 지금 가장 가치 있는 곳에 쓰기를 바랍니다.

 Tipping point

- 시간을 소중하게 생각하고 시간의 가치를 깨달아야 꿈을 이룰 수 있다.
- 당장은 돈을 버는 것보다 여러분의 미래와 성장을 위한 곳에 시간을 투자하자.

긍정적인 사람들이
성공할 수밖에 없는 이유

세상에는 정말 다양한 성격을 가진 사람들이 모여 살고 있습니다. 요즘은 흔히 MBTI 검사로 성격 유형을 16가지로 분류하지만, 저는 그 방식 말고도 사람들의 성격을 규정하는 요소가 훨씬 더 다양하다고 봅니다. 그리고 그중에서 긍정적인 마인드는 무언가를 성취할 때 매우 중요합니다. 사람에 따라 대체로 긍정적인 생각을 많이 하는 사람이 있고, 반대로 부정적인 의견이 많은 사람도 있습니다.

먼저 무슨 일이든 대체로 부정적인 사람들의 특징은 매사에 불만이 많고 항상 최악의 상황을 가정하곤 합니다. 만약 최악의 상황을 생각하고 무언가를 대비하거나 해결 방안을 찾는다면 그건 성공에 보탬이 되는 일이고 제가 말하는 진짜 부정적인 사람이 아닙니다. 진짜 부정적인 사람들은 대개 최악의 상황을 떠올리며 불안해하거나 걱정하지만, 걱정에 대한 대비책은 생각하지 않습니다. 이것이 가장 큰 문제입니다. 그들은 자기 삶에 어떠한 변화도 주지 않고 그대로 머물러 있기를 원합니다. 뭔가 변화를 주거나 새로운 것을 시작하려고 하면 항상 부정적인 시나리오나 상황만 떠오르기 때문입니다.

하지만 우리가 삶에서 무언가를 이루어 내려면 반드시 새로운 도전을 하거나 용기를 내야만 하는 순간이 찾아옵니다. 천재 화가 빈센트 반 고흐가 남긴 명언 중에 '무엇을 시도할 만한 용기도 없으면서 어떻게 멋진 삶을 바란단 말인가?'라는 말이 있습니다. 변화도 없이 어제와 똑같이 사는데 어떻게 삶이 달라질 수 있을까요? 그래서 부정적인 사람들은 성공과는 먼, 현재 그대로의 삶을 살 가능성이 큽니다. 심지어 새롭게 도전하는 사람에게 공포감을 심어 주거나 불안한 상태로 만드는 것을 좋아하기도 합니다. 자기 혼자만 제자리에 머물러 있기는 싫기 때문입니다.

❖ 긍정적인 사람은 항상 도전한다

이에 반해 긍정적인 사람들은 대개 새로운 시도를 주저하지 않습니다. 또 난관이 예상되더라도 그것을 극복할 방법을 찾는 데 열중합니다. 성공한 사업가들은 대개 보통 사람들은 보지 못하는 남다른 비전을 갖고 있습니다. 비전이란 것 자체가 미래에 대한 긍정이 없다면 존재하기 어려운 것입니다. 물론 문제 상황이 발생하기도 하고 위기가 찾아오기도 합니다. 하지만 거기서 무너져 내리는 게 아니라 계속 해결 방안을 찾아 나서는 게 긍정적인 사람들의 특징이기도 합니다.

✧◆ 부정적인 생각에 빠지지 말자

저도 사실 20대까지는 무언가를 생각할 때 비판적이고 부정적인 측면에 더 주목했던 것 같습니다. 어찌 보면 청소년기부터 20대까지가 그런 생각을 더 많이 하는 것 같습니다. 기존에 만들어진 사회 질서나 세상이 부당하게 느껴지는 시기이기 때문입니다.

제가 20대일 때는 젊은 사람들 사이에서 '헬hell조선'이라는 말도 유행했었고, 저도 그 신봉자였습니다. 한국에서 산다는 그 자체가 '지옥' 같다는 의미입니다. 게다가 부정적인 사람은 남들에게 더 똑똑하게 보이기도 해서 자신의 부정적인 면을 잘 바꾸려하지 않습니다. 마치 잘못된 부분을 잘 지적해 내는 것처럼 보이기 때문입니다. 하지만 세상을 더 경험하고 뭔가를 이뤄낸 사람들을 살펴보니, 성공은 결코 부정적인 마인드에서 나올 수 없다는 것을 깨달았습니다. 뭘 해도 긍정적인 사람이, 위기가 있어도 극복하려는 사람이 결국 끝까지 해내는 모습을 많이 보았습니다.

만일 자신이 매사에 부정적인 편이라면 그 원인이 무엇인지부터 생각해 봐야 합니다. 만일 아무리 공부해도 성적이 잘 오르지 않아서 부정적으로 변했다면, 공부 방식에 변화를 줘서 단 한 번이라도 긍정적인 경험을 맛보아야 합니다. 모든 과목이 아니라 단 한 과목이라도 열심히 해서 좋은 점수를 받아보는 게 중요합니다. 또한 부정적인 생각은 꼬리에 꼬리를 물기 때문에 한번 그 고리를 끊어야 합니다. 이러한 경험이 계기가 되어 커다란 변화를 가져올 수도 있습니다. 만약 공부를 잘하는 일이 도저히 무리라면 공부에서만 부정적이고 그게 다른 영역까지 전염되지 않게 조심해야 합니다.

✦ 우리는 주변 사람 마인드에 영향받는다

주변에 부정적인 사람이 있다면 그 영향을 받기 쉽습니다. 부정적인 생각은 전염병처럼 쉽게 전염되는 속성이 있기 때문입니다. 그래서 부정적인 사람은 최대한 멀리하는 게 좋습니다. 부정적인 사람에게 당신의 생각이 너무 부정적이라고 말하면, 자기는 객관적이거나 현실적인 거라고 말할 것입니다. 그리고 왜 자기 생각이 맞는지를 길게 늘어놓습니다. 그래서 부정적인 사람들의 생각은 그만큼 바꾸기도 어렵습니다. 그에 반해 긍정적인 사람들과 함께 있으면 내 생각도 긍정적으로 변화할 수 있습니다. 그리고 어려운 상황에서도 돌파구를 찾아내는 요령을 배울 수 있습니다.

이미 뭔가를 이뤄낸 사람들은 귀신같이 긍정적인 마인드를 가진 사람을 알아봅니다. 자기가 이렇게 성공하는 데 어떠한 요인이 작용했는지 잘 알고 있기 때문입니다. 그래서 사업 파트너를 구하거나 직원을 구할 때도 그 사람의 내면에 깔린 열정, 긍정성, 진취성을 볼 수밖에 없답니다. 자기와 생각이 전혀 다른 사람과 피곤한 논쟁은 하고 싶지 않기 때문입니다.

결국 뭔가를 이뤄낸 사람은 이미 성공한 사람이거나, 새롭게 이뤄낼 만한 사람과 어울리게 되어 있답니다. 이제 선택은 여러분의 몫입니다. 주변을 어떤 사람들로 채워 나가고 싶은가요?

 Tipping point

- 뭔가를 이룬 사람들은 대개 긍정적인 마인드를 지니고 있다.
  ➡ 성공한 사업가들은 긍정성을 바탕으로 남다른 비전을 지니고 있다.
- 뭔가를 이룬 사람들은 긍정적인 마인드를 가진 사람을 귀신같이 알아본다.
  ➡ 그들은 자기처럼 성공한 사람이나 새롭게 이뤄낼 만한 사람과 주로 어울린다.

내 주변 다섯 명의 평균 수준을 올리는 방법

"우리가 가장 많은 시간을 함께 보내는 다섯 사람의 평균이
바로 나의 수준이다."

이 말은 미국의 사업가이자 동기부여 강연가인 짐 론^{Jim Rohn}이 한
말입니다. 즉 자기 수준이 어느 정도인지 알아보고자 할 때 자기
가 자주 어울리는 사람을 보면 알 수 있다는 것입니다. 여기서 말
하는 '수준'이란 성공한 사람과 실패한 사람, 성장하는 사람과 정
체된 사람, 지혜로운 자와 어리석은 자 등 자신의 처지나 상황에
따라 다양하게 해석해 볼 수 있습니다. 짐 론이 이런 말을 한 의도
는 자신의 수준을 높이기 위해서는 주변 사람들의 평균도 함께 높

이라는 의미라고 생각합니다.

그런데 학창 시절에는 이런 말이 크게 와닿지 않습니다. 만약 내가 관계 맺는 사람을 자유로이 바꿀 수 있다면 더 와닿겠지만, 10대에 가장 많은 시간을 함께 보내는 사람은 대부분 가족이나 학교 친구이기 때문에 아직 학교 밖에서 더 많은 경험을 쌓고 새로운 사람들을 만나기에는 현실적으로 어려운 경우가 많습니다. 그래서 이런 말을 듣더라도 흘려듣기 십상입니다.

하지만 그렇다고 해서 청소년들에게 전혀 방법이 없는 것은 아닙니다. 우리가 좋은 글귀나 명언을 접할 때는 언제나 그 핵심에 주목해서 자신의 상황에 맞게 적용해야 합니다. 우리에게 울림을 주는 본질적인 의미가 중요한 것이지, 문자 그대로 따르는 게 중요한 게 아니기 때문입니다. 꼭 직접 만나지 않더라도 누군가와 많은 시간을 함께 보내는 방법에는 무엇이 있을까요?

❖ 간접 만남으로 누군가와 친밀해지는 방법

가장 일반적인 방법으로 우선 책 읽기가 있습니다. 내가 본받고 싶거나, 뛰어나다고 생각하는 사람이 쓴 책을 여러 권 찾아 읽어 보는 것입니다. 예를 들어 저는 독일 철학자인 니체의 사상을 좋아합니다. 그리고 가장 좋아하는 니체의 말은 '지금 이 인생을 다시 한번 완전히 똑같이 살아도 좋다는 마음으로 살라.'입니다. 아침, 저녁으로 틈틈이 니체의 글을 읽다 보면 어떤 날에는 니체와 함께 있다는 느낌을 받기도 합니다. 학교에서 인사만 하고 지내는 친구보다 책의 저자와 심리적으로나 정신적으로 더 가까운 사이가 될 수 있습니다. 단 한 가지 아쉬운 점은 니체에게 직접 질문을 하거나 토론을 할 수 없다는 점입니다.

그런데 요즘 책 읽기를 좋아하는 학생들이 썩 많지는 않습니다. 당장 책이 좀 부담스럽다면 유튜브 영상을 보면서 유튜버와 함께 많은 시간을 보낼 수도 있습니다. 예를 들어 공부에 대한 동기부여가 필요하다면, 동기부여를 전문으로 하는 채널을 구독할 수도 있습니다. 이왕이면 매일 혹은 매주 꾸준히 영상을 올려주는 채널을 구독하면 계속 함께 있다는 느낌이 들 것입니다. 채널 개설자와 구독자 간에 댓글을 통해 소통할 수 있고, 채팅창을 열어 두고 실시간 라이브 방송을 할 때도 있으니 정말 유튜버와 가까운 사이처럼 느껴지기도 합니다. 다만 유튜브를 계속 보면 어느새 웃기는 동영상이나 연예인 브이로그 같은 재미 위주의 영상만 찾을 수도 있으니 주의해야 합니다.

✦ 좋아하는 사람의 팬이 되자

'팬이 된다'라는 말은 주로 연예인이나 스포츠 선수를 대상으로 씁니다. 하지만 꼭 그런 사람이 아니더라도 성공한 사업가나 종교적인 인물 혹은 유튜브 채널 운영자의 팬이 될 수도 있습니다. 저는 미국 기업 테슬라의 CEO인 일론 머스크Elon Musk의 팬입니다. 일론 머스크는 인류를 다행성 종족으로 만드는 게 꿈이라던데, 인간이 지구뿐만 아니라 화성 같은 다른 행성에서도 살게 만들겠다는 것입니다. 그는 때론 무모해 보이기도 하지만 그가 지금까지 보여준 도전 정신이나 인류의 혁신을 추구하는 모습, 빠르고 효율적인 일 처리 방식 등은 제 삶에 많은 영감을 주고 본받을 만한 부분도 많습니다. 그래서 무언가 자극이 필요하거나 의욕을 불태우고 싶을 때는 일론 머스크의 영상을 보면서 동기부여를 받기도 합니다.

사실, 관계라는 것은 둘 사이에 대등한 것이 서로에게 가장 좋습니다. 하지만 스승과 제자 사이에도 서로에게 많은 자극과 도움이 될 수 있습니다. 마찬가지로 대등한 관계가 아니더라도 누군가 닮고 싶은 사람의 팬이 된다면 그것만으로도 내 삶의 목표나 지향점이 달라질 수 있습니다. 어떤 가수의 열광적인 팬이 된다면 그 가수의 일거수일투족이나 삶의 가치관, 사고방식까지도 관심을 두게 됩니다. 단순히 연예인을 넘어 자신이 배우고 싶은 게 많은 사람의 팬이 된다면, 그와 함께하는 시간이 늘어갈수록 긍정적인 에너지와 가치를 듬뿍 흡수할 수 있을 것입니다.

저 역시 지금 가장 많은 시간을 함께하는 다섯 명 중 세 명은 직접 만나서 대화하는 관계가 아닙니다. 페이스북에 올리는 글만 읽는 사람도 있고, 유튜브에서 영상으로 만나는 사람도 있습니다. 하지만 저는 그들에게 누구보다 큰 친밀감을 느끼고 있습니다. 여러분도 자신이 꿈꾸는 방향을 따라 내 주변의 관계를 채워 나가길 바랍니다.

 Tipping point

- 주변 다섯 명의 평균을 높이기 위해 꼭 사람을 바꿔야 하는 것은 아니다.
  ➡ 책이나 온라인을 통해서도 얼마든지 정신적으로 가까운 사람을 만들 수 있다.
- 사업가든 인플루언서든 책의 저자든 자신에게 의욕과 열정, 영감을 주는 사람과 소통해 보자.
  ➡ 내 주변 사람의 평균 수준이 자연스럽게 올라가는 것을 경험하게 된다.

무엇을 하든
절대 실패하지 않는 방법

우리는 때로 실패가 두려워서 도전을 망설입니다. 혹은 실패한 후에 계속 낙담한 채로 우울해하기도 합니다. 저 역시 어렸을 때는 무엇 하나라도 실패할까 봐 두려워하던 시기가 있었습니다.

제가 실패했던 일화를 하나 소개해 보겠습니다. 저는 대학 시절, 컴퓨터나 인터넷을 잘 다루지 못하는 소규모 자영업자에게 쇼핑몰을 무료로 제작해 주는 공모전에 참여했습니다. 마음이 맞는 친구 두 명과 함께 여성 의류를 판매하는 쇼핑몰 제작을 담당했습니다. 쇼핑몰 디자인도 예쁘게 꾸미고, 상품 사진도 수십 장을 직접 찍어서 올렸습니다. 그렇게 열심히 노력했지만, 예선에서 바로 탈락하고 말았습니다. 한 달이 넘게 밤낮으로 많은 시간을 쏟아부었는데도 결국 실패해 버리니 허탈한 기분만 들었습니다.

이처럼 실패 사례를 보면 그냥 공부나 열심히 하지 괜히 쓸데없는 일에 시간 낭비만 한 것처럼 보일 수 있습니다. 그러면 이번에는 '실패'라는 단어를 빼고 '경험'이라는 관점으로 전환하여서 다시 이야기해 보겠습니다.

저는 대학 시절, 소규모 자영업자에게 쇼핑몰을 무료로 제작해 주는 공모전에 참가했습니다. 그 대회에서 친구들과 함께 여성 의류 쇼핑몰을 제작했습니다. 한 달이라는 시간 동안 열심히 몰두하여 노력했고, 비록 공모전에서 수상하지는 못했지만 직접 쇼핑몰을 제작해 본 경험은 나중에 온라인으로 휴대전화 케이스를 판매하는 부업을 할 때 좋은 밑바탕이 되었습니다. 또한 친구들과 팀을 이루어 일한 경험은 대학에서 조별 과제를 할 때 효율적으로 역할을 분담하고 좋은 결과물을 만드는 데 큰 도움이 되었습니다.

�◆ '실패'를 모두 '경험'으로 바꿔 보자

경험한 하나의 일을 '실패'의 관점에서 볼 때와 '경험'의 관점에서 볼 때 상당히 달라집니다. 사실 우리가 살면서 겪는 많은 일은 스스로 '실패'라고 단정 짓기 때문에 부정적으로 받아들이는 것입니다. 실패라는 단어를 떠올리면 자기도 모르게 실패와 관련된 우울한 감정, 좌절감, 슬픔에 초점을 맞추게 됩니다. 하지만 관점을 조금만 바꿔서 경험을 쌓았다고 생각하면 어떨까요? 부정적인 감정보다는 그 경험에서 무엇을 얻었는가로 초점이 이동하게 됩니다. 단어 하나만 바뀌는 게 아니라 부수적으로 떠오르는 생각이나 감정까지 함께 바뀌는 것입니다.

일본 시골 마을에서 빵집을 운영하는 와타나베 씨에 관한 이야기를 접한 적이 있습니다. 그는 순수한 천연효모만을 이용하여 독특하고도 맛있는 빵을 만들어 내는 것으로 유명합니다. 하지만 아무래도 순수한 천연효모로만 빵 반죽을 만드는 건 쉽지 않아서 실패하는 게 일상이라고 합니다. 그가 이미 빵집을 시작한 지 10여 년이 된 장인에 가까운 사람인데도 말입니다. 그런데도 그는 이런 말을 했습니다.

"실패하기 때문에 질리지 않고 계속할 수 있습니다."

그에게는 실패 자체가 성공으로 가기 위한 중간 경로인 셈입니다. 실패를 경험으로 받아들이는 것입니다.

또 다른 이야기를 해보면, 제 친구 중에는 대입에 두 번 실패하여 삼수 끝에 대학에 입학한 사람이 있습니다. 그 친구는 남들보다 시작점이 늦었다는 생각 때문에 뭐든 더 열심히 하는 자세로 살았습니다. 그 결과 대학도 수석으로 졸업하고, 회사에 취직해서도 동기 중에서 가장 먼저 승진했습니다. 게다가 재테크에도 관심이 많아서 남들보다 빨리 더 많은 자산을 모을 수 있었습니다. 아무리 삼수, 사수했더라도 누구나 이 친구처럼 자신의 실패를, 마음을 다잡는 계기로 삼지는 않습니다. 이 친구가 남들보다 빨리 승진하고 돈을 많이 모은 것은 물론 대단한 일입니다. 하지만 여기서 가장 중요한 것은 자신이 겪었던 실패를 실패로 보지 않고 오히려 발전의 원동력으로 삼았다는 점입니다.

✦ 실패를 두려워할 필요는 없다

절대 실패하지 않는 방법은 아무것도 도전하지 않는 거라고 합니다. 그런데 아무리 많은 도전을 해도 실패하지 않을 수 있습니다. 무엇이든 절대 실패하지 않는 방법은 내 인생에서 일어나는 '실패'라는 단어를 모두 '경험'이란 말로 바꾸는 것입니다. 단지 말장난이 아니라 실패가 주는 부정적인 감정에 매몰되지 말고 경험이 주는 깨달음에 집중하자는 의미입니다.

우리가 사는 인생은 생각보다 길어서 몇 번의 실패가 있더라도 얼마든지 회복하여 예전보다 더 앞서나가는 계기가 될 수 있습니다. 주변을 둘러보면 많이 실패해 본 사람이 마지막에 더 잘된 경우가 많았습니다. 당장은 작은 실패 때문에 괴로워하거나 도전 자체를 겁내기도 하겠지만, 길게 보면 아무것도 아니란 것을 항상 뒤늦게야 깨닫게 됩니다.

그러니 실패를 두려워할 필요가 없습니다. 아니, 내 인생에 실패란 없다고 생각하고 마음껏 도전하고 마음껏 경험을 쌓기를 바랍니다.

 Tipping point

- 절대 실패하지 않는 방법은 내 인생의 '실패'란 단어를 모두 '경험'으로 바꾸는 거다.
  ➡ 그러면 실패가 주는 부정적인 감정에 매몰되지 않고 경험이 주는 깨달음에 집중할 수 있다.
- 인생에서 마음껏 도전하고, 마음껏 경험을 쌓아가자.

우리는 아침에 일어나서 잠들 때까지 온종일 많은 것을 '소비'
합니다. 편의점에서 뭔가를 사거나 식당에 가서 주문하는 것도 소
비이고, 음악을 듣고 게임을 하는 것도 콘텐츠를 소비하는 일입니
다. 현대를 살아가는 사람들에게 '소비하는 인간'이란 말이 어울
릴 정도로 소비하는 것이 주된 역할로 정해져 있습니다.

아무 생각 없이 살다 보면 이렇게 소비하는 행위가 이 사회에서
나의 역할인 것처럼 당연하게 받아들입니다. 하지만 우리 사회의
유행을 만들어 내거나 변화를 이끄는 것은 결국 '생산자'입니다.
음악이라면 기획사나 작곡가, 영상 콘텐츠라면 PD나 영화감독,
프랜차이즈 카페나 식당은 거대 기업, 전자제품도 대기업이 주로

생산을 담당합니다.

우리 사회를 다시 잘 들여다보면 무언가를 생산하는 사람들과 소비하는 사람들로 나눌 수 있습니다. 주로 소비만 하는 사람들이 있는가 하면, 어떤 영역에서는 소비하더라도 다른 영역에서는 생산에 적극적으로 참여하는 사람도 있습니다.

✦ 능동적으로 세상을 이끄는 관점을 갖자

사실 소비하는 역할로만 살아가더라도 사는 데 큰 지장은 없습니다. 하지만 소비하는 쪽은 생산하는 쪽에 비해 상대적으로 수동적인 처지에 있게 됩니다. 나중에 직접 창업한다거나 아니면 기업에 취직해서 상품의 홍보 계획을 세운다 해도 생산자의 관점에서 접근할 필요가 있습니다. 그래서 평소에도 주변 사물을 생산자 관점으로 바꾸어 보는 연습을 해보면 좋습니다. 나중에 어떤 일을 하든지 좀 더 수월하게 적응할 수 있고, 좋은 성과를 낼 수도 있기 때문입니다.

저는 이야기를 만드는 작가라서 그런지 영화를 보더라도 스토리라인을 특히 중요하게 생각합니다. 영화관에서 영화를 볼 때면 특히 시나리오 작가가 의도적으로 만들어 놓은 장치라든가 복선 등이 얼마나 정교한지를 평가하면서 보는 편입니다. 또 저라면 이 부분을 이렇게 표현했을 텐데 하고 상상해 보기도 합니다.

식당에 가면 인테리어나 메뉴 구성, 친절도, 음악 선곡 등을 살펴보고 내가 만약 이 식당을 운영한다면 어떤 부분을 개선할지 생각해 보기도 합니다. 아니면 이 위치에는 이런 음식보다는 다른 음식을 파는 게 더 좋겠다는 생각도 해봅니다. 이렇게 생산자 관점에서 생각해 보는 연습은 연습 그 자체만으로도 재미있습니다. 식당을 관찰하다가 발견한 재미있는 아이디어를 변형시켜서 한의원을 운영할 때 적용할 수도 있었습니다. 재미뿐만 아니라 일에도 도움이 되는 셈입니다.

유튜브나 SNS를 하더라도 댓글을 달고 누군가를 팔로우하는 역할만 할 게 아니라 팔로워를 이끄는 사람이 되어 보기를 바랍니다. 꼭 수천, 수만 명의 팔로워를 만들어야만 의미가 있는 게 아니라고 생각합니다. 이렇게 소비자에서 생산자 모드로 전환하는 것만으로도 세상을 바라보는 관점이 달라질 것입니다. 그리고 그 속에서 새로운 기회를 발견할 수 있습니다.

 Tipping point

- 우리는 자신도 모르게 사회 속에서 소비자 역할만을 수행하고 있다.
- 소비자에서 생산자 모드로 전환하면 세상을 바라보는 관점이 달라진다.
  ➡ 식당, 카페에서 개선할 점을 찾아보고 나라면 어떻게 할지 생각해 본다.
  ➡ 유튜브나 SNS에서 나를 팔로우할 사람들을 직접 모아 본다.

6장

사람들과
잘 지내고 싶어요
– 인간관계의 기술은 뭘까?

내 삶을 응원하는 사람을 만나는 방법

혹시 친구 문제로 고민해 본 적 있나요? 학교에 다닐 때는 공부나 친구가 삶에서 차지하는 비중이 매우 큽니다. 그래서 친구 문제로 적어도 한 번씩은 고민한 경험이 있거나, 심지어 학교 다니는 내내 친구 문제가 가장 큰 고민거리라는 사람도 있습니다.

좋은 친구를 사귀면 내 삶에 긍정적인 영향을 줄 뿐만 아니라 서로가 발전적인 방향으로 성장할 수 있게 도와줍니다. 반대로 나쁜 친구는 차라리 없는 편이 나을 수 있습니다. 만일 여러분이 평소에 공부를 나 몰라라 하고 있다가 정신을 차리고 제대로 공부하기로 마음먹었다고 해봅시다. 같이 어울리는 친구 중에서 분명 공부는 나중에 하고 같이 놀자는 사람도 있을 것입니다. 이럴 때면,

공부도 열심히 하고 싶은데 친구 관계도 중요한 것 같아 고민이 됩니다. 그리고 모처럼 불태웠던 의지가 약해지면서 공부와 친구, 둘 다 잡을 방법은 없을까 고심합니다. 이런 상황에서는 어떤 선택을 해야 할까요?

제사 회사에 다닐 때 직장에서 그나마 마음을 터놓을 수 있는 사람들은 입사 동기들뿐이었습니다. 학교로 생각하면 친구와 가장 유사하다고 볼 수 있습니다. 7년 동안 다니던 회사를 그만두고 전혀 다른 새로운 길을 걷게 되었을 때 저 혼자만 다른 길을 가면 회사 동기들과도 연락이 끊어지게 될까 봐 조금은 걱정이 되었습니다. 아무리 친한 사이였다 하더라도 실은 회사라는 매개체를 통해 관계를 맺고 있었기 때문입니다. 하지만 저는 회사 사람 중 몇 명과는 퇴사한 이후에도 계속 연락하고 잘 지냅니다. 그 사람들은 다른 직장 동료들과 어떤 차이가 있는 걸까요?

✦ 진정한 친구는 나의 변화를 응원한다

진정한 친구는 자신이 삶에서 한 발짝 도약하려 할 때 옆에서 진심으로 응원해 줍니다. 만일 여러분이 과거의 게을렀던 삶에서 벗어나 무언가를 하려고 새롭게 각오를 다졌다고 생각해 봅시다. 그러면 내 옆에 있던 사람 중 누가 진정한 친구인지도 자연스럽게 드러납니다. 만일 여러분의 변화를 가로막거나 그 자리에 머무르게 하려는 사람은 진짜 친구가 아닙니다. 단지 자기가 심심하지 않게 옆에서 같이 시간을 보내 줄 사람이 필요한 것입니다.

이와 비슷한 맥락에서 보면 기쁜 일이 있을 때 같이 나눌 수 있는 친구가 진정한 친구입니다. 우리는 흔히 슬픔을 함께 나누는 친구가 진짜 친구라고 생각하지만, 슬픈 일이 있을 때는 대개 많은 친구가 함께 슬퍼해 줍니다. 하지만 자기는 일이 잘 안 풀리는 것 같은데 친구만 잘되어서 기쁜 일이 생긴다면 축하해 주기보다는 시기할 수도 있는 게 친구 관계랍니다.

저도 회사를 그만두기 전까지는 지금까지 살면서 알게 된 많은 사람과 관계를 잘 유지하려고 노력했습니다. 그런데 회사를 그만두고 남들과 다른 독특한 길을 걷게 되면서 할 얘기도 줄어들고 점점 소원해지는 사람들이 많아졌습니다. 같이 만나더라도 그렇게 즐겁지 않은데 피상적인 관계를 이어 나가던 사람들이 가장 먼저 멀어졌습니다. 다음으로는 만나도 그만, 안 만나도 그만인 사람들과 멀어졌습니다. 그나마 친하다고 생각했던 사람 중에도 일부는 멀어지게 되었습니다. 그러면 아직도 연락하며 지내는 사람은 어떤 사람들일까요?

✦ 끝까지 곁에 남는 사람이 진짜 친구다

마지막까지 남은 사람들을 보니, 모두 제가 선택한 길을 응원해 주고 있었고, 서로에게 기쁜 일이 있을 때 진심으로 축하해 주는 사이였습니다. 또 하나 재미있었던 것은 나이대가 무척 다양하다는 점이었습니다. 어렸을 때는 저도 비슷한 나이대의 친구가 대부분이었습니다. 그런데 마음이 맞는 사람은 위로 열 살이 많을 수도, 아래로 열 살이 적을 수도 있다는 걸 알았습니다.

인간관계에도 노력이 필요하다는 말은 사실입니다. 하지만 무리하게 노력하여 유지하는 관계는 바람직한 친구 관계가 아닙니다. 만약 친구를 만나는 데 불편한 마음이 들거나 힘들게 노력해야만 관계가 유지된다면, 그 관계를 서서히 끊어가는 것도 좋다고 생각합니다. 지금 그렇게 노력해서 유지하더라도 결국 언젠가는 끊어질 관계이기 때문입니다.

지금 당장 남아 있는 친구가 별로 없다고 해도 크게 신경 쓰지 않아도 됩니다. 살다 보니 친구가 많은 시기도 있고, 거의 없을 때도 있습니다. 그저 편견 없이 새로운 사람을 만나는 일에 마음을 열어두는 게 중요합니다. 분명 또 새로운 인연이 생길 것이고, 서로를 응원하는 진정한 친구를 만나게 될 것입니다.

- 진정한 친구는 슬픔뿐만 아니라 기쁨도 함께 나누는 사이이다.
- 내가 나아가려 할 때, 옆에서 응원해주는 사람이 끝까지 남을 진짜 친구다.
- 인생을 살다 보면 새로운 인연은 계속 생기니 당장 친한 친구가 없다고 해도 걱정할 필요가 없다.

말하지 않으면 절대 모르는 일

세상을 살다 보면, 누군가의 말이나 행동이 많이 신경 쓰일 때가 있습니다. 그럴 때 가만히 있는 게 좋을지 어떻게든 대응하는 게 좋을지 고민되기도 합니다. 저 역시 이런 고민을 많이 하다 보니 저 나름의 대응 방식이 생겼습니다.

✧◈ 낯선 이가 나를 불편하게 할 때

제가 대응하는 방식은 크게 두 가지가 있습니다. 먼저 이 일이 나에게 계속 반복될 것인가, 아니면 한 번 지나가고 말 것인가를 생각합니다. 예를 들어 지하철이나 식당 주변에서 이상한 사람이 저를 불편하게 하는 경우는 대개 그냥 지나칩니다. 지금 당장 이 상황이 끝나면 다시 이 사람을 만날 가능성은 없기 때문입니다. 잠깐 기분이 상할 수는 있어도 금세 잊어버리면 그만입니다. 괜히 대응했다가 말싸움이라도 하게 되면 오히려 온종일 기분이 상할 수도 있습니다. 다른 무엇보다 제 마음의 안정을 위해 최대한 지나칩니다.

✦ 친한 친구가 나를 불편하게 할 때

그런데 제가 자주 만나야 하는 사람이나 친구인 경우는 조금 다릅니다. 내 친구의 특정한 말버릇이나 행동이 만날 때마다 매번 신경이 쓰인다고 생각해 봅시다. 이렇게 불편한 일이 반복된다면 되도록 초반에 말하는 게 좋습니다. 껄끄러운 얘기를 꺼내면 상대방 기분이 상할 수도 있고, 자신이 너무 예민한 건가 싶어 그냥 참는 게 좋겠다고 생각할 수도 있습니다. 하지만 참으면 참을수록 친구에 대한 안 좋은 감정이 커질 것입니다. 심지어 친구는 뭐가 문제인지 전혀 눈치채지 못하고 있는데도 말입니다. 만약 끝까지 참아낼 자신이 있다면 모를까, 그게 아니라면 가능한 한 빨리 말할수록 좋습니다. 지금이라도 말을 꺼내야 앙금이 생기지 않고 장기적으로 더 원만한 관계가 유지될 수 있습니다.

이야기할 때는 최대한 툭 터놓고 솔직한 감정으로 이야기해야 하고, 그 과정에서 감정이 격앙되지 않도록 주의하며 침착하게 불편했던 점을 설명해야 합니다. 여기서 주의할 점은 일부러 상대방의 화를 돋우거나 인신공격적인 발언 및 자존심을 건드리는 표현은 쓰지 말아야 합니다. 대개 당신의 소중한 친구라면 잘 이해해 줄 것이고, 오해가 있었다면 풀리는 계기가 될 것입니다. 사실 대부분은 자기 말이나 행동이 그렇게 큰 불편을 주고 있는지도 몰랐을 가능성이 큽니다.

물론 그 과정에서 친구가 도리어 화를 낸다거나 이해할 수 없다는 태도를 보일 수도 있습니다. 많이 고심하고 충분히 조심해서 의견을 전달했는데도 관계가 틀어진다면 사실 어차피 오래갈 친구는 아닌 겁니다. 이 기회에 그 친구가 어떤 사람인지 잘 알게 되었으니 오히려 좋은 일일 수도 있습니다. 진정으로 오래갈 친구라면 서로가 마음 편히 만날 수 있어야 합니다.

 Tipping point

- 친구 사이에 마음 불편한 부분이 있다면 가능한 한 빨리 솔직한 마음을 전하는 게 좋다.
  ➡ 진정한 친구라면 여러분의 마음을 이해해 줄 거고, 불필요한 앙금이 생기지 않는다.

친구들과 이런저런 얘기를 나누다 보면 가끔 주변 소문이 이야깃거리로 등장합니다. 누가 누구랑 사귄다든가 헤어졌다든가 하는 이야기가 10대든 20대든 단골 소재입니다. 누가 누구랑 심하게 싸웠다는 이야기도 종종 나오기 마련입니다. 사연이 더 깊어지면 누가 잘못한 거라고 뒤에서 욕까지 합니다.

저도 한때는 이런 이야기 듣는 것을 무척 좋아했습니다. 암암리에 소문이 난다는 것 자체가 뭔가 비밀스럽거나 흥미로운 이야깃거리이기 때문입니다. 지금 생각해 보면 한때는 남들보다 많은 정보를 빨리 알고 있는 걸 자랑스럽게 여겼던 것 같습니다. 부끄럽지만, 그때는 그러한 행동을 하면 왠지 친구도 많은 것 같고 인간

관계도 좋아 보였던 것 같습니다.

직장에 다닐 때는 특히 소문에 더 관심이 커질 수밖에 없었습니다. 점심시간에 직장 동료들과 밥을 먹을 때면 일 얘기는 그만하고 싶어집니다. 그렇다고 동료들과 취미나 관심사가 크게 같을 리도 없다 보니 자연스럽게 다른 동료들에 관한 이야기나 또 다른 소문을 말할 때가 많습니다. 좋은 얘기라면 그나마 괜찮겠지만, 보통은 안 좋은 소문들이 항상 화제로 등장하곤 합니다.

⟡ 소문은 안 좋은 선입견을 만든다

30대에 다시 대학에 다니면서 처음으로 그런 소문에 크게 관심 두지 않았던 것 같습니다. 제 성향이 갑자기 바뀌었다기보다는 환경이 그럴 수밖에 없었습니다. 제 나이가 주변 또래보다 훨씬 많았고, 예전처럼 동기들과 웃고 떠들며 보내는 시간이 줄기도 했습니다. 늦은 나이에 입학해서 제 일에만 집중하기에도 부족한 시기여서 더욱 그랬던 것 같습니다.

그래서 어쩌다 보니 소문에 집착하던 대학 생활과 소문을 멀리한 대학 생활을 각각 한 번씩 보내게 되었습니다. 지나고 나서 생각해 보니, '그런 소문들은 그냥 모르고 지나가는 게 더 나았구나!' 하는 생각이 듭니다. 사실 소문이란 게 단지 한 귀로 듣고 한

귀로 흘리는 내용도 있지만, 감정적인 소모를 동반하거나 사람에 대한 선입견을 지니게 만드는 것도 있습니다.

예를 들어 어떤 친구에 대해 안 좋은 소문을 들으면 그 이후로 그 친구를 마주칠 때마다 약간 색안경을 끼고 보게 됩니다. 그 소문이 진짜인지 아닌지도 모르고, 그 친구의 입장은 들어본 적도 없는데 저도 모르게 소문이 맞는 것처럼 생각하는 것입니다. 교수님에 대한 소문도 마찬가지였습니다. 교수님에 대한 안 좋은 소문을 듣고 괜히 긴장했던 적이 있었는데, 막상 만나보면 좋은 분일 때도 많아서, 오히려 교수님과 친해질 기회를 놓치기도 했습니다.

인간관계는 단순하고 명료하지 않습니다. 나와 가장 친한 친구가 A라는 친구와 사이가 나쁘다고 해서, 나와 A의 관계가 꼭 나빠야 하는 것은 아닙니다. 나의 친한 친구가 말하는 A의 단점이 나한테는 별로 중요하지 않을 수도 있습니다. 자신이 직접 겪어보기 전까지는 함부로 다른 사람을 판단하는 것은 옳지 않습니다.

✦ 남보다는 나에게 집중하자

돌이켜보면 남 일에 관심이 많았던 시기에는 항상 나 자신에 관한 관심이 적었던 것 같습니다. 삶이 뭔가 무료하고 재미없고 행복하지 않을수록 다른 사람 이야기에 더 집착했습니다. 또 무리 안에 속해야 한다는 강박관념이 절 더 그렇게 만들었습니다. 소문도 잘 알고 있어야 남들과 잘 어울린다고 생각했던 것입니다. 뒤늦게 알게 된 사실이지만, 그런 소문을 잘 안다고 친구 무리에서 중심이 되는 것도 아니고, 그때 소문을 같이 나누었던 사람들과 오래도록 친구로 남는 것도 아니었습니다. 그런 소문을 멀리해도 오래 남을 친구는 얼마든지 다 남습니다.

　비단 학교생활뿐만 아니라 사회생활을 하면서도 자기 얘기보다 남 얘기에 관심이 많은 사람이 있습니다. 하지만 자기중심이 선 사람은 자신의 미래나 목표, 관심사만 신경 쓰기에도 하루하루가 모자랍니다. 내 삶에 충실해질수록 남 얘기에는 관심이 사라집니다. 나의 소중한 에너지를 나와는 별 상관없는 남에게 쓰기보다는 좀 더 자신에게 집중하기를 바랍니다.

 Tipping point

- 남에 대한 안 좋은 소문에 귀 기울일 필요가 없다.
  ➡ 소문을 많이 안다고 친구가 많고 인간관계가 좋은 것은 아니다.
- 내 삶에 충실해질수록 남 얘기에는 관심이 없어진다.
  ➡ 나의 소중한 에너지를 나에게 더 집중해 보자.

친구들에게 인기가 많아지는 법

지금까지 살아온 시간을 돌이켜보면 친구가 조금 많았던 시절도 있고, 친구라 할 만한 사람이 주변에 별로 없던 시절도 있었습니다. 친구 문제는 10대 시절뿐만 아니라 나이가 들면서도 항상 고민거리가 됩니다. 살다 보면 나만 이렇게 친구가 없나 하는 생각이 들 때도 있습니다. 그래서 어떤 사람들은 친구 사귀는 법이나 친구에게 인기 있는 법을 인터넷이나 책으로 찾아보기도 합니다. 그런데 오히려 부자연스럽게 친구를 사귀려는 사람에게 좋은 친구가 생기는 걸 본 적이 없습니다.

친구가 많다는 건 무엇을 뜻할까요? 대개는 그 사람에게 어떤 매력이 있음을 뜻합니다. 매력이란 것은 수학 점수처럼 숫자로 표시할 수도 없고 열심히 공부한다고 올라가지도 않습니다. 그래서 더 오묘하고 이해하기 어렵습니다. 또 자신에게 어울리지 않는 매력을 억지로 높이려 하다 보면 역효과가 날 수도 있습니다.

자신의 매력을 높이는 가장 좋은 방법은 남을 의식하기보다 자기 자신에게 집중하는 것입니다. 자기가 좋아하는 것에 집중하고, 자신을 사랑해야 합니다. 나한테 부족한 부분에 집중하다 보면 원래 부족한 부분만 자꾸 보입니다. 하지만 나조차 나를 싫어하는데 남들이 나를 좋아하기란 힘듭니다. 반대로 작은 거라도 나만의 장점을 찾다 보면 의외로 나한테도 좋은 점이 많다는 사실에 놀라게 됩니다.

외모가 무척 뛰어나거나 유머 감각이 뛰어나다면 물론 친구들에게 인기가 많겠지만, 꼭 눈에 띄는 부분이 아니더라도 누구에게나 매력은 있기 마련입니다. 예를 들면 내가 남들보다 글씨를 정말 예쁘게 쓸 줄 안다고 하면, 그 자체가 매력이 된답니다. 그래서 친구들이 뭔가를 써 달라고 부탁도 하고, 글씨를 대신 써 주기도 하면서 친해질 수 있답니다.

그런데 아무리 생각해도 남들보다 잘하거나 내세울 만한 게 하나도 없다면, 친구들 말을 정말 귀 기울여 잘 들어주는 것만으로도 장점이 될 수 있습니다. 하지만 단지 친구를 많이 사귀려고 억지로 그러는 것은 좋지 않습니다. 진정으로 다른 사람을 존중하려는 마음에서 우러나오는 행동이어야 합니다. 이런 사람은 인품이 좋아서 결국 사람들도 따르기 때문입니다.

　새로운 친구를 사귀는 데 또 하나 중요한 것은 자신감입니다. 왠지 저 사람은 날 싫어하지 않을까? 내가 먼저 다가가면 혹시 부담스러워하지 않을까? 이런 생각들이 친구를 사귀는 데 방해 요소로 작용할 수 있습니다. 반면 자신감이 있다면 친해지고 싶은 사람에게 다가가서 한마디 말이라도 걸 수 있습니다. 자신감의 근원은 결국 나 자신을 사랑하는 것입니다. 뭐 대단한 게 없어도 나라는 사실만으로 우린 누구나 소중합니다. 꼭 친구를 많이 만들기 위해서가 아닙니다. 날 사랑하면 할수록 기분도 좋아지고 내가 가진 자연스러운 매력도 더욱 빛나게 된답니다.

 Tipping point

- 친구를 많이 사귀고 싶다면 먼저 나 자신을 사랑하자.
  ➡ 남을 자꾸 의식하기보다 나의 장점이나 매력에 집중한다.
- 나를 사랑하고 자신감을 가진다면 친구들과 더 쉽게 친해질 수 있다.
  ➡ 자연스러운 매력으로 다가간다면 누구에게나 호감을 줄 수 있다.

서로 주고받는 관계가
가장 오래가는 관계

사람에 따라 친구 관계를 맺는 방식은 정말 다양합니다. 소수의 친한 친구만 사귀는 사람도 있고, 두루두루 폭넓게 사귀는 걸 선호하는 사람도 있습니다. 저는 나이가 들수록 진짜 친구라고 할 만한 사람 몇몇만 남아 있는 것 같습니다.

친구 중에는 자기가 필요한 게 있을 때만 연락하는 사람들이 있습니다. 뭔가 도움이 필요할 때나 요청할 때만 연락합니다. 그나마 간단한 부탁일 때도 있지만 쉽지 않은 부탁을 할 때도 있습니다. 수년간 아무 연락이 없다가 이런 연락을 받게 되면 그렇게 반갑지만은 않습니다. 정말 나를 소중한 친구로 생각한다면 오랜만에 연락해서 이런 말을 꺼낼까 하는 생각도 든답니다. 자주 보는 사이에서도 필요한 게 있을 때만 연락하는 사람들이 있습니다. 한두 번은 도와주다가도 그런 관계가 반복되다 보면 점점 상대를 멀리하게 되고 맙니다.

오랜만에 먼저 연락이 온 친구가 만나서는 내 이야기에 전혀 관심이 없고 본인 이야기만 늘어놓기도 합니다. 이런 경우는 결국 자신의 이야기를 들어줄 사람이 필요했던 것입니다. 물론 친구가 힘든 일이 있거나 고민이 있을 때 들어줄 수는 있습니다. 하지만 이 역시 매번 자기 얘기만 늘어놓는 패턴이 반복된다면 친구 관계가 오래가기는 힘듭니다.

관계란 것이 보통 다 그렇습니다. 일방적으로 도움만 요청하거나 도움만 받게 되면 그런 관계가 오래가기는 어렵습니다. 결국 한 쪽이 지치기 마련입니다. 연인 사이에서도 한 사람만 적극적으로 애정 표현을 하고 다른 한 사람은 애정이 식었다면 그 관계는 조만간 끝이 납니다. 연인뿐만 아니라 세상의 많은 관계가 마찬가지라고 생각합니다. 우리 사회는 '주고받는^{Give&Take} 관계'가 확실한 것을 좀 매정하다고 느끼기도 합니다. 오히려 지속적이고 건강한 관계를 유지하기 위해서는 '주고받는 관계'를 통해 서로에게 도움이 되어야 합니다.

친한 사이일수록 더 배려해야 한다는 말이 있습니다. 그만큼 좋은 관계를 유지하기 위해서는 나부터 노력해야 합니다. 저 역시 누군가에게는 도움이 필요할 때만 연락하는 사람은 아닌지 고민해 봅니다. 혹시 그런 경우가 있다면 적어도 도움받은 것에 상응하는 충분한 답례를 하는 것이 예의입니다. 직접 돈을 줄 수 없다면 고마운 마음을 담아 작은 선물을 하기도 합니다. 누군가로부터 받은 작은 도움도 당연하게 생각할 수는 없기 때문입니다.

성인이 되면 인간관계도 더 복잡해지고 피상적인 관계도 늘어납니다. 하지만 꼭 10대 시절이 아니더라도 좋은 친구를 사귈 기회는 여전히 많습니다. 친구든 연인이든 좋은 사람을 놓치지 않기 위해서는 나부터 그런 멋진 사람이 되어야 합니다. 저는 그런 멋진 사람이 되기 위해 지금도 노력 중입니다.

 Tipping point

- 일방적으로 도움을 주거나 받기만 한다면 그 관계가 오래 지속되기는 어렵다.
  ➡ 서로에게 도움이 되는 관계가 건강한 관계다.
- **작은 도움을 받더라도 고마운 마음은 항상 표현하는 것이 좋다.**
  ➡ 고맙다고 말하는 건 기본이고, 오랜만에 누군가에게 연락해서 도움을 받았다면 작은 선물이라도 하는 예의를 갖추자.

상대방에게 좋은 인상을 남기는 방법

학생들에게 논술을 가르칠 때, 과제는 주로 제 이메일로 제출하도록 했습니다. 어떤 학생은 'OO월 OO일 논술 과제 제출'이라는 제목을 쓰고, 과제를 제출한다는 본문 내용도 간단히 기록한 후 보냈습니다. 또 다른 학생은 제목이나 본문에 아무것도 입력하지 않아서 메일 제목이 'OOO.hwp'와 같이 파일 명 그대로 오기도 했습니다. 사실 처음 이런 이메일을 받았을 때 너무 무성의해서 깜짝 놀라기는 했습니다.

한번은 대학 동기 중 한 명이 교수님께 메일로 과제를 제출할 때도 아무 내용을 적지 않고 파일만 달랑 보냈다는 말을 듣고는 충격을 받았던 기억이 있습니다. 그 메일을 받은 교수님께서 몇몇

학생들을 지적하며 심하게 화를 내셨다고 했습니다.

요즘에는 편지 자체를 쓰지 않다 보니 이렇게 메일을 보낼 때 어떤 형식을 갖춰야 하는지 모르는 사람이 많은 것 같습니다. 하지만 적어도 제목에 이것이 무슨 과목에 해당하고 무슨 과제인지 정도는 쓸 수 있습니다. 본문에서도 우선 인사와 자기소개를 간단히 하고 어떤 용무로 메일을 보냈는지 설명한 후에 인사를 하고 이름을 쓴 후 마무리합니다. 사실 이런 내용은 구글에 '이메일 예절'이라고 검색만 해봐도 쉽게 나오는 부분이라 이곳에 상세히 설명할 필요도 없습니다.

이메일뿐만 아니라 문자 메시지나 카카오톡 메시지를 보낼 때도 마찬가지입니다. 우리가 어떤 용건으로 누구에게 말을 하던지 기본적인 예의를 지키면 그 사람을 만나기 전이라도 좋은 인상을 남기게 됩니다. 그 반대라면 아무리 실력이 좋더라도 마이너스 점수를 받고 시작하는 셈입니다.

✦ 꼰대 짓이 아닌 기본예절을 지키자

이렇게 예의에 대한 말을 꺼내면 너무 고리타분하다는 사람도 있습니다. 그냥 적당히 하면 되지 너무 빡빡하게 군다고 말입니다. 그런데 이렇게 말하는 것이 흔히 말하는 '꼰대'인지 아니면 기본

예절인지 확인하는 아주 쉬운 방법이 있습니다. 만약 외국에서도 다 통용하는 행동이면 일반적으로 고리타분한 행동이 아닌 예절이라고 보면 됩니다. 외국 사람들과 일해 보면 알겠지만, 이메일을 보낼 때는 기본적으로 따라야 할 형식이 있습니다. 그러니 이건 예절에 해당한다고 볼 수 있습니다. 그런데 외국은 안 그러는데 우리나라에서만 유독 이상한 예의범절을 지키라고 한다면 그건 꼰대 짓일 수도 있습니다. 예를 들어 신입직원에게는 의자 등에 허리를 대지 말고 꼿꼿이 앉으라고 한다거나, 사무실에서 일하다가 화장실 갈 때면 허락받고 가라거나 하는 건 꼰대 짓이라고 해도 무방합니다. 그런데 꼰대 짓과 예절은 아주 다릅니다. 기본 예절마저 안 지키려는 사람은 정상적인 사회생활을 하기 힘들 수도 있답니다.

공식적으로 누군가를 만나는 자리에서는 헤어 스타일이나 복장 등이 이러한 기본적인 예의범절을 나타냅니다. 면도하고 손톱을 잘 정돈하는 것도 포함됩니다. 취업을 위해 면접을 볼 때면 깔끔한 헤어 스타일에 정장 차림으로 가는 것도 기본 예의입니다. 공식적인 행사가 있을 때 행사와 어울리지 않는 복장을 하고 나타나는 사람들은 일단 기본 상식이 없는 사람처럼 보일 가능성이 큽니다. 자기 실력이 아무리 뛰어나더라도 기본을 지키지 않으면, 결격 사유가 될 수 있습니다.

✦ 상대방의 처지를 생각하는 게 예절이다

보통 사람들은 어색하다거나 부끄럽고 인사도 제대로 하지 않는 사람보다는 인사부터 잘하는 사람을 더 좋아합니다. 조금이라도 마음이 끌리는 사람한테 더 잘해 주는 게 인지상정입니다.

세상에는 이런 예의범절에 특히 민감한 사람이 있고 둔감한 사람도 있습니다. 그래서 기본적인 예의범절을 그다지 따르지 않고 살아왔어도 운 좋게 아무런 문제가 없었을 수도 있습니다. 그런데 살다 보면 예상치 못한 중요한 순간에 예의에 민감한 사람을 만날 수 있습니다. 그 사람이 교수님이거나 직장 상사일 수도 있고, 먼 훗날 사업을 한다면 고객일 수도 있습니다. 누군가 우리를 평가할 수 있는 자리에 있는 사람을 상대할 때, 기본적인 예의범절을 지키지 않아서 큰 손해를 볼 가능성이 있다는 말입니다.

그런데 '강약약강強弱弱強'이란 말처럼 강자에게만 예의를 차리고 약자에게는 막 대하는 것만큼 비겁한 사람도 없을 것입니다. 기본적인 예의는 열린 마음으로 잘 배워 두고 누구에게나 실천하는 편이 좋습니다. 가장 기본적인 예의는 상대방의 처지에서 생각해 보는 것입니다. 상대가 이런 메일을 받았다면 어떤 기분일까? 교수님이라면 수많은 학생으로부터 메일이 올 텐데 그중에 이 메일이 어떤 용무로 온 건지 쉽게 분류하고 처리할 수 있을까? 메일을 어떻게 보내면 상대방이 가장 편안하게 생각할까? 이런 식으로 말입니다. 이러한 예의범절이 습관이 된다면 자신의 실력을 보여주기 전부터 상대에게 좋은 인상을 심어줄 수 있습니다.

Tipping point

- 기본적인 예의범절을 잘 지키면 어디서든 플러스 요인이 될 수 있다.
  ➡ 직접 만날 때는 헤어스타일이나 옷차림, 인사 예절이 중요하다. 이메일이나 카톡을 보낼 때도 예절이 있다.
- 우리나라뿐만 아니라 외국에서도 비슷하게 하고 있다면 일반적으로 지켜야 할 예절이다.

미안함과 고마움은
항상 표현하기

일본에 갔을 때 유독 '스미마셍^{미안합니다}'이란 말을 많이 들었던 기억이 있습니다. 지하철같이 혼잡한 곳에서 살짝 부딪히거나 옆으로 지나치기만 해도 사람들이 습관처럼 내뱉는 말이었습니다. 그뿐만 아니라 어느 매장에 가든 '아리가또^{고맙습니다}'라는 말도 많이 하는 편이었습니다. 일본에 가면 이 두 표현은 조금 과한 게 아닌가 싶을 정도로 많이 듣습니다.

이렇게 미안하다는 말과 고맙다는 말은 다른 말과 달리, 매번 표현하더라도 과하지 않다고 생각합니다. 성인이 되어서도 유독 사과나 감사 표현에 인색한 사람들을 만나곤 합니다. 분명 사과해야 할 상황인데도 아무 말이 없는 사람을 보면 당황스럽기까지 합니다. 어떤 일에 대해 사과한다고 해서 절대 자신이 못났거나 부족한 게 아닌데 말입니다. 오히려 잘못을 인정할 줄 아는 사람이 더 멋있어 보인다는 걸 모르는 사람들이 많습니다.

✦ 진정한 사과는 자기 자신에게도 도움이 된다

작은 일이라도 진정으로 사과할 줄 아는 사람은 자기 잘못을 개선하고 더 나은 사람이 될 수 있습니다. 예를 들어 회사에서 중요한 첫 미팅에 10분을 늦었을 때 다음과 같이 말하는 사람이 있습니다.

"늦어서 죄송합니다. 이렇게 차가 막힐 줄 몰랐어요. 앞으로는 늦지 않게 미리 출발하도록 하겠습니다."

이렇게 사과하는 사람이 있다면 비록 조금 늦었더라도 대부분 사람이 이해하고 넘어갑니다. 늦은 것에 대해 사과했을 뿐만 아니라 앞으로 같은 실수를 반복하지 않기 위해 어떤 노력을 할 건지도 말했기 때문입니다. 만약 이런 표현이 진심이었다면, 이 사람은 앞으로 지각하지 않기 위해 더 부지런해질 것입니다. 반면 사과할 줄 모르는 사람은 대개 자기 잘못이라기보다 상황적인 핑계를 대는 데서 멈추는 경우가 많습니다.

"차가 너무 막혀서 늦었습니다."

이런 말은 사과라기보다는 자기 상황을 설명하는 것입니다. 그러다 보니 자기 행동을 바꾸려는 마음으로까지 이어지지 않습니다. 결국 나중에도 똑같은 잘못을 저지르는 경우가 많습니다.

같이 일을 하는 데 중요한 일을 자주 깜박하면서도 사과하지 않는 사람을 본 적이 있습니다. 그 사람은 매번 깜박했다는 말을 입에 달고 살았습니다. 그런데도 중요한 일을 따로 적으며 관리하는 것 같지는 않았습니다. 그래서 그런지 같은 실수를 매번 반복했습니다.

✧ 감사의 표현은 모두를 기쁘게 한다

미안함만큼이나 감사함을 표현하는 것도 중요합니다. 부모님은 고맙다고 말하지 않아도 우리에게 계속 베풀어 줍니다. 하지만 우리가 사회에서 만나는 사람들은 전혀 그렇지 않습니다. 감사할 줄모르는 사람에게는 누구도 베풀고 싶어 하지 않습니다.

뭔가를 바라지 않고 베풀더라도 사람들은 최소한 감사의 표현은 듣고 싶어 합니다. 고맙다는 말조차 인색한 사람은 결국 사람들이 떠나고 혼자가 될 가능성이 큽니다. 그에 반해 작은 것에도 감사할 줄 아는 사람은 사람들에게 더 사랑받고 존경받을 수 있습니다. 꼭 남을 의식해서가 아니라, 무엇이든 감사하는 습관은 자기 자신에게도 좋습니다. 감사하다는 말에는 항상 기쁨의 감정이 동반되기 때문에 그 마음 하나만으로도 긍정의 에너지를 얻을 수 있습니다. 감사의 표현은 듣는 사람만 좋은 게 아니라 말하는 자신에게도 좋습니다.

다른 건 몰라도 이 두 가지, 사과와 감사 표현만 잘하더라도 어디 가서 크게 이상한 사람으로 보이거나 미움받는 일은 없습니다. 고맙다, 미안하다, 이런 말은 사실 입에 붙기 전에는 불편하고 어색하게 느껴지기도 합니다. 그런데 자꾸 쓰다 보면 정말 아무렇지도 않은 말들입니다. 그리고 조금만 둘러보아도 우리 주변에 감사하고 미안한 일이 정말 많다는 것을 알게 된답니다.

 Tipping point

- 잘못에 대해 사과를 잘하면 사람들에게 좋은 인상을 줄 뿐만 아니라 자기의 잘못된 습관을 고쳐나가는 데도 좋다.
- 작은 일에도 감사하는 습관을 들이면 듣는 사람도 기분 좋지만, 자신도 기분이 좋아진다.

1. 생각의 다름을 인정하자

나이가 들며 다양한 환경의 사람들을 사귀게 됩니다. 그중에는 자신과 생각이 상당히 비슷한 사람도 있고, 반대로 많이 다른 사람도 있습니다. 처음에는 대개 생각이 비슷한 사람과 더 잘 맞을 것 같지만, 마음을 열고 다가가다 보면 나와는 좀 다른 사람과도 의외로 잘 맞을 때가 있습니다.

결국 중요한 건 생각이 비슷한가 다른가가 아니라 서로 생각의 다름을 인정하는가입니다. 서로 생각이 다를 수 있다는 걸 진심으로 이해하는 친구와는 큰 갈등 없이 지낼 수 있습니다.

2. 정말 이해하기 어려우면 넘어가자

세상에는 독특한 사람들도 많이 있습니다. 내 기준으로는 도저히 이해되지 않는 사람을 만날 때가 일 년에 한두 번씩 있습니다. 그럴 때라도 우선은 대화를 시도해 보는 게 중요합니다. 내가 이해되지 않는 부분이 무엇이고, 나는 어떻게 생각하는지 조목조목 이야기해 보는 것이 중요합니다.

하지만 아무리 말을 해도 대화가 되지 않는 사람들이 있습니다. 그럴 때는 내가 아무리 답답해 해도 생각의 차이가 좁혀지지 않습니다. 나와는 다른 차원에 있는 사람이기 때문입니다. 그럴 때는 그냥 '이 사람은 나와 진짜 다르구나.' 하고 넘어가는 게 좋습니다. 내 경험에 의하면 아무리 노력해도 맞지 않는 사람은 정말 맞지 않았습니다.

3. 연애는 사람을 성숙하게 한다

누군가와 연애하면 그 사람과 많은 시간을 함께 보내고 내면 깊숙한 부분까지 대화를 나누게 됩니다. 또한 갈등이 생기면 한바탕 싸우기도 하면서 화해하는 법을 배우기도 합니다. 이러한 경험은 대개 가족이나 친구들과 맺는 관계와는 양상이 조금 다릅니다.

그래서 연애 경험을 통해 사람에 대한 이해가 더 깊어지기도 하고 자기 자신을 돌아보는 계기가 되기도 합니다.

그렇다고 연애를 많이 해본 사람이 그렇지 않은 사람보다 반드시 인격적으로 성숙하다는 말은 아닙니다. 연애를 통해 뭔가를 배우고 성숙해지는 사람도 있지만, 자기 성향이나 고집을 그대로 유지하는 사람들도 있기 때문입니다.

4. 진정한 친구는 언제든 생긴다

흔히들 이렇게 이야기합니다. '진정한 친구가 한 명이라도 있으면 성공한 인생이다.' 어디서는 한 명, 어디서는 세 명은 있어야 한다고도 합니다. 그런데 이건 각자의 생각일 뿐 모두가 따라야 하는 절대적인 기준 같은 건 없습니다. 저도 10~20대 때는 진짜 친구가 몇 명이고 누구인지 고민해 보기도 했습니다. 그러다가 그런 진정한 친구가 거의 없다는 생각이 들던 시기에는 인생을 잘못 살았나 싶기도 했습니다. 특히 어렸을 때 친구가 진짜 친구라는 말도 있고, 지금 빨리 진정한 친구를 만들지 못하면 큰일이라도 나는 줄 알고 조급해하던 때도 있습니다.

그런데 살다 보니 진정한 친구라는 건 억지로 만들려고 노력할 때 생기는 게 아니었습니다. 내가 마음을 열면 20대 때도 30대 때도 생길 수 있었습니다. 그리고 꼭 나와 나이가 비슷해야만 친구가 되는 게 아니라는 것도 깨달았습니다. 그러니 행여나 지금 진정한 친구가 없다는 생각이 들어도 전혀 걱정할 필요가 없답니다.

 Tipping point

- 서로의 생각이 다를 수 있음을 인정하는 친구라면 오래 잘 지낼 수 있다.
- 아무리 노력해도 도저히 이해할 수 없는 사람들이 세상에는 존재한다.
  ➡ 끝까지 이해시키려 하다 보면 나만 힘들 수 있다. 가끔은 그냥 그러려니 하고 넘어가자.
- 연애는 자신을 돌아보고 사람을 더 잘 이해할 수 있는 경험이다.
  ➡ 그렇다고 연애만 한다고 모두가 성숙해지는 건 아니니, 억지로 연애 경험을 쌓을 필요는 없다.
- 진정한 친구는 인생의 어느 때라도 자연스레 생긴다.
  ➡ 지금 주변에 진정한 친구가 없다고 느껴도 전혀 걱정할 필요가 없다.

나이가 들수록
부모님께 감사한 이유

어렸을 때는 누구나 그렇듯 부모님의 사랑을 당연하게 생각하고, 감사한 마음도 크게 느끼지 못합니다. 오히려 부모님의 지나친 간섭 때문에 짜증을 내기도 하고 날 좀 내버려 두었으면 하는 마음도 큽니다. 어쩌면 그게 10대다운 자연스러운 모습 같기도 합니다.

그런데 나이가 들수록 그런 생각이 바뀌며, 다는 알지 못하더라도 어렴풋하게나마 부모님의 사랑을 진심으로 깨닫는 순간이 옵니다. 부모님에 대한 감사의 마음이 커지는 계기는 사람마다 다를 수 있습니다. 저는 직장을 그만두고 늦은 나이에 다시 학생이 되면서 그 감정을 더욱 크게 느꼈습니다. 아마도 남들과 다른 길을 걷다 보니, 심적으로 외로움을 느꼈기 때문일 수도 있습니다.

어린 시절 우리는 부모님의 관심과 경제적인 지원을 받으며 살아갑니다. 그리고 주변 친구들을 둘러봐도 모두 비슷합니다. 그러다 보니 부모님이 주는 사랑이 당연하게 느껴지기 쉽습니다. 그런데 성인이 되어 사회생활을 시작하면 세상은 생각했던 것보다 훨씬 냉혹하다는 사실을 처음으로 알게 됩니다. 사회인이 되면 일하다가 실수해도 부모님처럼 감싸주는 사람이 없습니다. 어떤 안 좋은 사건이라도 터지면 직장 동료들은 어떻게든 자기는 책임이 없다고 빠져나가려는 모습을 보이기도 합니다. 겉으로는 모두 친한 것처럼 보여도 위기의 순간이 오면 누구 하나 내 편에 서지 않을 수 있는 게 사회생활입니다. 또 여러분이 나중에 독립하여 집을 구할 때 전세나 월세 계약을 할 일도 생깁니다. 큰 돈이 오고가는 부동산 계약을 처음 할 때는 정말 정신이 하나도 없습니다. 확인해야 할 사항은 많고, 자칫 잘못하다가는 큰 손해를 볼 수도 있기 때문입니다. 운이 좋게 마음씨 좋은 집주인을 만날 수도 있지만, 멋모르는 사회 초년생을 교묘하게 속이려 드는 사람들도 많이 있습니다. 심지어 전세 사기를 저지르는 악독한 사람들도 뉴스에 많이 나옵니다.

어른이 되면 이런저런 어려운 일이 생길 때마다 모두 스스로 책임져야 합니다. 남들에게 쉽고 순진하게만 보이면 안 좋은 일을 더 많이 당할 수도 있습니다. 그래서 항상 정신을 바짝 차리고 살아갈 수밖에 없습니다.

✦ 부모는 언제나 자식 편이다

부모님은 내가 좀 바보같이 행동하거나 생각 없이 행동해도 그냥 웃어넘겨줍니다. 사회인이 되어서야 비로소 세상의 모든 사람이 나를 믿지 않고 등을 돌리더라도 부모님은 끝까지 내 편이라는 것을 알게 됩니다. 애인은 아무리 사랑해도 헤어지면 끝이고, 친구들도 나이 들어 자기 가족이 생기고 나면 가족이 최우선이 됩니다. 하지만 부모님은 아무리 심하게 다투는 일이 있더라도 언제나 그 자리에 남아 계십니다.

흔히들 아이를 낳고 직접 키워 봐야 비로소 부모의 사랑을 알게 된다고 말합니다. 이 역시 우리가 직접 경험해 보지 않고서는 부모님의 사랑과 애정이 얼마나 큰지 상상도 하기 어렵다는 뜻입니다. 그래서인지 아이를 낳고 나서 부모님을 대하는 마음이나 자세가 바뀌는 사람들이 많습니다.

한편 부모님이 늙어가는 모습을 보면서 그제야 부모님에 대한 소중한 마음을 느끼기도 합니다. 사실 우리가 어렸을 때는 부모님이 늙는다는 것을 잘 인지하기 어렵습니다. 아이들은 쑥쑥 자라나지만, 어른들의 겉모습은 그렇게 순식간에 변하지 않기 때문입니다. 그런데 우리가 충분히 자라고 나면 그때부터 보이기 시작합니다. 항상 같은 자리에서 같은 모습으로 계실 것만 같았던 부모님이 그새 많이 늙으셨다는 사실을 말입니다.

아마 이런 이야기를 들어도 당장 부모님에 대한 감사한 마음이 커지지 않을 수 있습니다. 또 부모님에 대한 마음이 바뀌는 계기가 저마다 언제 오는지도 모르겠습니다. 다만 지금 부모님과 사소하게 다툰 일이 있다면, 먼저 다가가서 말을 해보면 어떨까 싶습니다. 그리고 이것 하나만 약속해 주었으면 합니다. 아무리 화가 나더라도 부모님께 오랫동안 상처를 줄 수 있는 말은 하지 않기로 말입니다. 만약 그런 말을 한다면, 평생 그 일을 기억하며 후회할지도 모른답니다.

Tipping point

- 세상에서 끝까지 내 편이 되어 주는 건 오직 부모님뿐이다.
- 항상 똑같아 보이는 부모님도 사실 조금씩 늙어가고 계시다.
- 당장 부모님의 사랑을 절절히 느끼지 못하더라도 부모님 마음에 오래도록 상처가 될 말만은 하지 않기로 하자.

타인의 노력을 존중하는 사람이 되기

사람들은 누구나 자신이 아는 선에서 판단합니다. 잘 알지 못하는 것은 너무 쉽게 생각하거나 반대로 너무 어렵게 생각하기도 합니다. 자신이 직접 경험해 본 적이 없으니까 당연히 그럴 수밖에 없습니다.

저는 20대 때 네이버 스마트스토어에서 휴대전화 케이스를 판매한 적이 있었습니다. 온라인에서 물건을 판매해 본 경험이 없었던 터라 따로 투자하지 않아도 할 수 있는 일을 찾고 있었는데, 마침 '휴대전화 케이스 위탁배송'이라는 게 눈에 들어왔습니다. 위탁배송은 새로 주문이 들어올 때마다 제조업체에 배송 요청만 하면 알아서 배송해 주는 방식이었습니다. 제가 직접 케이스를 잔뜩

사 와서 집에 쌓아두고 파는 게 아니니 재고가 쌓일 일도 없었고, 전혀 위험할 게 없다고 생각했으며, 쉽게 돈을 벌 수 있겠다고 생각했습니다.

상품 사진을 예쁘게 찍어서 올리자, 일주일도 안 되어 하루에 2~3건씩 주문이 들어왔습니다. 비록 소액이었지만 '이렇게 돈 벌기가 쉬운 일이었나?'라는 생각이 들 정도였습니다. 그런데 평화로운 날은 그리 오래가지 않았습니다. 가장 먼저 고객에게 받은 전화는 케이스 색깔이 모니터 화면으로 보는 것과 다르다는 것이었습니다. 당시에 저는 모니터마다 해상도가 조금씩 달라서 어쩔 수 없는 일이라 생각하고 고객에게 양해를 구했습니다. 그러자 그 고객은 전화를 끊고 바로 한국소비자원에 신고했고, 잠시 후 한국소비자원에서 직접 저에게 전화 연락이 와서 진땀을 뺀 기억이 있습니다.

며칠 뒤에는 케이스 가장자리가 조금 변색된 것 같다는 전화도 왔습니다. 고객이 사진을 찍어서 보냈는데 정말 불량처럼 보였습니다. 상품 리뷰가 점점 안 좋게 달리기 시작했습니다. 제가 물건을 하나씩 확인하고 배송한다면 이런 일이 없을 텐데 위탁배송 방식을 쓰다 보니 언제든지 불량인 상품이 배송될 수 있는 상황이었습니다.

상품의 품질을 관리하고 상품 리뷰에도 신경 쓰기 위해 직접 재고를 쌓아두고 판매하는 게 맞는 것인지도 생각해 보았습니다. 하지만 당시에는 사람들이 쓰는 휴대전화의 종류가 무척 많아서 케이스 디자인과 휴대전화 기기를 조합하면 100가지는 족히 더 될 정도였고, 이걸 모두 재고로 쌓아두기는 부담스러웠습니다.

처음 한두 달은 그래도 어떻게든 판매를 유지했습니다. 그런데 곧이어 케이스 디자인이 저작권 문제에 휘말렸습니다. 저는 제조업체에서 법적으로 문제 소지가 없는 케이스만 판매하는 줄 알았지만 그런 게 아니었던 모양입니다. 결국 스토어에서 상위 1~5등까지 하던 케이스들을 더는 판매할 수 없게 되었습니다. 순식간에 판매량은 곤두박질쳤고, 전 결국 석 달 만에 스마트스토어를 접고 말았습니다.

✦ 직접 경험하지 않으면 알 수 없다

몇 달간이었지만 휴대전화 케이스를 팔면서 많은 것을 느꼈습니다. 부업으로 가볍게 일한다고 해서 만만하게 보아서는 안 된다는 걸 알았습니다. 쉬워 보이는 일도 막상 해보면 생각지도 못 했던 어려움이 많다는 것도 알았습니다. 온라인 스토어에서 꾸준히 상품을 판매하는 수많은 판매자가 참으로 대단하다는 생각도 들었습니다.

사실 남이 하는 일을 잘 모를 때는 별로 어렵지 않다고 생각하는 경향이 있습니다. 학교에서 조별 과제를 하다 보면 항상 자료 조사만 하는 사람은 발표 PPT를 만들고 발표 준비하는 게 어느 정도 힘든지 잘 모릅니다. 반대로 발표 준비만 한 사람은 자료 조사한 사람이 한 장의 리포트를 작성하기 위해 찾기 어려운 수십 개의 자료를 열심히 찾아봤다는 걸 모를 수 있습니다. 이렇게 우리는 자신의 노력을 알아주지 않는 건 서운해하면서도 다른 사람의 노력에는 주목하지 않는 경우가 많습니다. 매일 비슷해 보이는 일상을 영상으로 찍어서 브이로그 형식으로 올리는 유튜버들에게 영상 편집을 한 번도 해보지 않은 사람이 이런 말을 합니다. "맨날 똑같은 거 찍어서 올리니 정말 쉽겠네." 그런데 직접 편집하고 자막도 넣고 배경음악도 깔고 섬네일도 만들어 본 사람이라면, 10분짜리 영상을 만들기 위해 얼마나 많은 아이디어와 시간이 필요한지 잘 알고 있습니다.

세상에 쉽게 돈 버는 일은 없는 것 같습니다. 겉으로 보기에 쉬워 보일 뿐 보이지 않는 곳에서는 많은 어려움을 감당해야 합니다. 흔히 부동산이나 주식 투자를 해서 큰돈을 번 사람들은 돈을 쉽게 벌었다고 말하기도 합니다. 노동력을 투입하지 않고 돈을 벌었다고 느껴서 그렇게 생각할 수 있습니다. 하지만 투자에는 반드시 위험도 따르고 손실을 볼 수 있다는 정신적인 부담을 이겨낸 사람만이 수익을 가져간답니다. 투자 역시 직접 해보지 않은 사람들은 투자로 성공한 사람들의 노력과 고통이 어느 정도인지 짐작하기 어렵습니다.

그게 어떤 분야이든 간에 자신의 자리에서 꾸준히 노력해 온 사람들은 존경받을 만합니다. 그래서 어떤 일을 하는 사람이든 존중할 줄 알고, 자기가 잘 모르는 분야를 함부로 판단하지 않는 사람이야말로 진짜 멋진 사람이라고 생각합니다.

 Tipping point

- 겉보기에는 쉬워도 직접 해보면 어려운 일들이 세상에는 많다.
- 내가 들인 노력을 인정해주길 바라는 만큼 다른 사람의 노력에 대해 생각해 보자.
- 어떤 일을 하는 사람이든 존중해 주는 사람이 진짜 멋진 사람이다.

채식주의자에 도전해 보기

    저는 채식주의자가 아닙니다. 굳이 따지자면 육식을 더 좋아하는 편입니다. 그런데 한때 채식주의자 친구를 사귄 적이 있었습니다. 캐나다에서 온 친구였는데 그 친구는 동물을 사랑해서 채식할 뿐만 아니라 동물 가죽으로 된 신발조차 신지 않는, 제가 만난 사람 중 가장 완벽한 형태의 채식주의자였습니다.

    채식이 우리보다 보편화된 서양권 국가에서는 대부분 식당에 채식 메뉴가 적어도 한두 개 이상은 있는 편입니다. 그래서 채식주의자도 쉽게 메뉴 선택을 할 수 있습니다. 하지만 우리나라는 채식주의자들을 위한 메뉴가 적은 편이어서, 그 친구를 만날 때마다 서울에 있는 채식 식당을 찾아야 했습니다. 저는 색다른 경험을 좋아하는 편이라 인터넷 커뮤니티에 올라온 채식 식당 리스트를 일주일에 한 번씩 방문하는 것도 재미있었습니다. 그런데 한편으로는 한국에서 생활하는 채식주의자들이 얼마나 불편할지 생각해 보는 계기가 되기도 했습니다.

동물권을 보호하라거나 동물이 받는 고통에 공감하라고 주장하는 것은 아닙니다. 저 역시 동물을 사랑하고 동물을 학대하는 행위가 무엇보다 잘못되었다고 생각하지만, 평소에 육식을 즐기고 있습니다. 그런데 한 번쯤 우리 사회에서 소수에 속한 사람들의 입장을 직접 체험하고 느껴볼 필요가 있습니다. 꼭 채식주의자뿐만이 아니라 우리 사회에는 다양한 소수자들이 있습니다. 우리가 항상 당연하다고 생각하며 아무렇지 않게 행동했던 것들이 누군가에게는 어렵고 힘겨운 일일 수 있습니다. 이런 생각을 하는 과정에서 자연스레 그들은 왜 채식주의자가 되었는지 알아가는 계기가 될 수도 있답니다.

많은 사람이 주류에 속하고 싶어 합니다. 돈만 많으면 서울에서도 강남에 살고 싶어 하고, 공부만 잘하면 의사가 되고 싶어 합니다. 하지만 모든 면에서 주류에 속하는 사람은 없습니다. 공부를 잘해서 서울대나 의대에 들어갔다고 하면, 서울대나 의대 내에서는 또 어떨까요? 그 안에 다시 주류인 과가 있고 비주류인 과로 나뉩니다. 그래서 항상 주류에 속하는 사람은 거의 존재하지 않습니다. 또, 주류에 속하는 일이 항상 정답은 아니랍니다.

✦ 비주류에 속한 경험은 나를 성장시킨다

많은 사람이 자신이 주류에 속한 부분은 부각하면서, 비주류에 속한 부분은 굳이 밝히지 않는 편입니다. 하지만 저는 비주류에 속하는 경험이야말로 자신을 한 단계 성장시키며 더 큰 그릇을 가진 사람으로 만들어 준다고 생각합니다. 사람은 비주류에 속할 때 비로소 많은 사람이 갖는 편견이나 오해에 대해 생각해 볼 기회가 생기기 때문입니다. 또한 다수의 생각이 꼭 옳지만은 않을 수 있으며, 반대로 내 생각이 잘못될 수 있다는 점도 깨닫습니다. 이렇게 비주류로서의 경험이 사람을 오만해지지 않고 겸손하게 만들어 줍니다. 우리나라 또한 역사적으로 본다면 비주류에 가깝습니다. 강대국들로 인해 나라의 운명이 좌지우지되었던 역사도 있었습니다. 그렇다고 우리의 과거가 부끄럽게만 느껴지진 않습니다. 설움이 많은 역사이지만 그만큼 우리는 많은 것을 깨닫고 이 악물고 앞으로 나아갈 수 있었습니다.

비주류에 속하는 경험은 내 삶과 가까운 것부터 시작하는 편이 좋습니다. 삶의 작은 영역에서부터 나와 다른 입장을 경험하고, 그들의 관점에서 생각해 보면 세상을 바라보는 폭도 좀 더 넓어집니다. 사회 이슈에 대해서도 좀 더 균형 잡힌 시각에서 바라보게 됩니다. 이번 기회에 오늘 하루만이라도 채식주의자가 되어 보는 건 어떨까요?

Tipping point

- 우리는 보통 주류에 속한 부분을 부각하고 비주류에 속한 부분은 숨기려는 경향이 많다.
- 많은 사람이 주류에 속하고 싶어 하지만, 주류에 속하는 게 항상 정답은 아니다.
- 비주류의 관점에서 생각할 때, 세상을 바라보는 시야가 넓어진다.

7장

세상을
잘 살아가고 싶어요

- 우리는 어떻게 성장할까?

직접, 많이, 경험한 사람의 말을 듣기

"연애하면 피곤하대. 자기 시간도 없어지고 돈도 많이 쓰게 되고."

만약 모태 솔로인 친구가 연애에 대해 이런 말을 한다면 어떤 생각이 드나요? 언뜻 들으면 그 친구가 연애 경험은 없더라도 맞는 말을 한 것 같습니다. 하지만 그 친구의 말처럼 연애에 단점만 있을까요? 우리는 살면서 다른 사람의 조언을 구하거나 도움받을 일이 많이 있습니다. 가까이는 부모님이나 선생님, 친구의 조언을 들을 때도 있고 특정 분야의 전문가 강연이나 책을 접하기도 합니다. 그런데 가끔 보면 어떤 분야에 대해 잘 모르는 사람이 누군가에게 조언하는 때도 있습니다.

만약 공부를 잘하고 싶다면 누구의 말을 듣는 게 가장 좋을까요? 공부를 정말 잘하는 친구나 실력이 검증된 선생님, 뛰어난 인강 강사의 말이라면 도움이 될 것입니다. 어떤 분야에서 최고의 경지에 오른 사람의 조언은, 전부는 아니라도 적어도 한 가지 이상은 새겨들을 만한 내용이 있습니다.

✦ 어설픈 조언은 위험하다

실력이 어중간한 사람의 말은 듣지 않는 게 나을 때가 많습니다. 친구 중에 공부를 어중간하게 하는 친구가 주변에서 들은 말로 조언을 해줄 때가 있습니다. 예를 들어 '상위권에 들려면 하루에 4시간만 자야 한다더라'라고 말입니다. 이런 말을 듣고 놀라서 '아, 4시간 자는 건 도저히 무리야. 그러면 난 어차피 상위권에 들진 못하겠네. 공부는 아예 포기하자.' 이런 생각을 할 수도 있습니다. 실제로 4시간만 자고 상위권에 든 사람도 있겠지만, 7시간씩 자고도 상위권에 드는 사람도 있습니다. 몇 시간을 잤는지보다 더 중요한 것은 하루 순수 공부량이 몇 시간이고 얼마나 꾸준히 그 공부량을 지켜나가는가입니다. 하지만 본인이 직접 경험하지 않고 남의 얘기를 전하는 사람은 핵심이 뭔지 모르기 때문에 중요하지 않은 정보를 강조할 수 있습니다. 자기가 공부를 잘해본 적이 없기 때문입니다.

마찬가지로 돈을 많이 벌고 싶으면 자수성가하여 부자가 된 사람들의 말에 귀를 기울여야 합니다. 가끔 어른이라는 이유로, 부모님이라는 이유로, 선생님이라는 이유로 자기가 직접 해보지 않은 분야인데도 조언을 해주는 사람들이 있습니다. 만약 부자가 아닌 어른이 부자가 되는 방법에 대해 조언을 해준다면 꼭 그 방법을 따르지 않아도 괜찮습니다. 또한 인터넷 게시판이나 댓글에서 부자는 어떻게 한다더라 하는 말도 전혀 믿을 수 없습니다.

✦ 진짜를 알아보는 눈을 키우자

요즘 세상에는 '전문가'라고 주장하는 사람 중에도 진짜 전문가가 아닌 사람이 많습니다. 어떤 분야에 대해 아직 잘 모르고 있을 때는 누가 진짜이고 가짜인지 구별하기도 힘듭니다. 그럴 때는 일단 내가 잘 판별할 수 있을 정도의 지식을 쌓는 게 중요합니다. 그러고 나서 여러 이야기를 계속 듣다 보면, 어딘가 한쪽은 논리적으로 이상하다는 생각이 들 수 있습니다. 그때 내 안목이 한 단계 더 올라가는 것입니다. 그러니 진짜를 알아보는 눈을 키우고 나서 진짜가 하는 말을 듣기 바랍니다. 그러면 어떤 분야든지 인생을 살아가는 데 있어 엄청난 도움이 된다는 걸 알게 됩니다.

그렇게 진짜 전문가를 찾았다 해도 그 사람 말을 100% 다 신뢰할 수는 없습니다. 전문가의 역할은 어디까지나 앞으로 내가 잘해 나가기 위한 조언자로서 의미가 있을 뿐입니다. 특정 분야에서 세계 최고의 전문가 열 명의 조언을 듣는다고 해도 결국 자기가 직접 해봐야 알게 되는 게 많습니다.

결국 자신이 직접 경험하는 게 가장 중요합니다. 전문가가 하라는 대로 했는데도 결과가 엉망이었다고 그를 탓할 필요는 없습니다. 자기 행동에 최종적인 책임을 지는 것도 나에게 조언을 준 그 사람이 아닌 자기 자신입니다. 실패한다 해도 거기서 뭔가를 배우고 다시 도전할 때 진짜 실력이 느는 것입니다.

 Tipping point

- 어떤 분야이든 그 분야에서 경험이 많고 잘하는 사람 말을 듣자.
  ➡ 어중간한 사람의 조언은 되려 방해가 될 수 있다.
- 진짜 전문가를 알아보는 안목을 키우자.
  ➡ 그러기 위해서는 자신도 그 분야의 공부를 해야 한다. 아무런 지식이 없는 사람은 진짜를 판별할 능력도 없기 때문이다.
- 무엇이든 자신이 직접 경험할 때 가장 많은 것을 느끼고 배울 수 있다.
  ➡ 최고 전문가의 말보다 내가 직접 경험하고 느낀 게 더 값지다.

인터넷 커뮤니티에 너무 의존하지 않기

저는 인생의 시기마다 자주 접속하는 커뮤니티가 하나씩 있었습니다. 고등학생 때는 '오르비orbi.kr'라는 사이트에 자주 접속했고, 대학 때는 '서울대 커뮤니티'를 자주 애용했습니다. 이처럼 우리는 대학에 입학하거나 직장인이 되는 등 새로운 집단에 속하게 될 때마다 커뮤니티를 이용할 기회가 생깁니다.

인터넷 커뮤니티는 정보를 얻는 데 유용합니다. 특히 내가 원하는 정보에 관해 마땅히 주변에 물어볼 만한 사람이 없을 때, 인터넷 커뮤니티에서 관련 분야에 관심 있는 사람들을 통해 빠르게 정보를 획득할 수 있습니다. 하지만 항상 좋은 점만 있는 것은 아닙니다. 커뮤니티 활동을 할 때 주의해야 할 부분이기도 한데, 그것은 바로 대다수 인터넷 커뮤니티에서는 긍정적인 의견보다 부정적인 의견이 더 많다는 점입니다.

✦ 인터넷 커뮤니티는 평균을 중시한다

인터넷 커뮤니티에는 각양각색의 사람들이 활동합니다. 물론 대학교 커뮤니티처럼 특정 집단에 소속된 사람들만 활동하는 곳도 있습니다. 그게 개방적인 형태이든 폐쇄적인 형태이든 커뮤니티에서 자신의 희망찬 미래 계획이나 진로, 직업에 대한 고민을 늘어놓는다면 부정적인 영향을 받을 가능성이 큽니다.

그 이유는 대개 인터넷 커뮤니티에서는 '평균'을 중시하기 때문입니다. 인터넷 커뮤니티 안에서는 상대방의 외모나 재능, 살아온 환경, 의지와 열정에 대해 잘 모릅니다. 그래서 평균적인 상황을 가정하고 답변해 주는 경우가 많습니다. 하지만 우리가 공부를 하든, 직업을 구하든 목표로 삼는 것들은 남들보다 뛰어난 결과를 얻는 것이며, 적어도 평균 이상이 되는 것입니다.

예를 들어 고3 때 정말 열심히 공부해서 자기 실력을 훨씬 뛰어넘는 최상위권 대학에 갈 수 있냐고 묻는 글을 게시판에 올렸다고 해봅시다. 많은 사람이 단기간에는 쉽지 않을 거다, 힘들 거라는 부정적인 댓글을 달 것입니다. 실제로 안 되는 사람들이 더 많기 때문입니다. 하지만 여러분이 무언가에 도전하고자 한다면 단지 평균을 기대하고 시작하는 것은 아닐 것입니다. 성공한 사람 중에 남들만큼만 노력해서 성공한 경우가 많지 않은 것처럼 말입니다. 그러니 그런 부분은 일반적인 의견을 크게 고려할 필요가 없습니다. 사실 인터넷 커뮤니티에 물어볼 필요도 없으며, 그로 인해 부정적인 영향을 받거나 포기할 필요는 더욱 없습니다.

그렇게 말하는 저 역시 제가 속한 집단의 커뮤니티 활동에 심취한 적이 있었습니다. 그런데 사실 그런 활동을 한 시점은 대개 제 한계가 여기까지라고 생각한 때였던 거 같습니다. 뭔가 새로운 도전을 한다거나 높은 목표를 설정한 상태에서는 그런 커뮤니티 글들이 불편하게 느껴졌습니다. 모두 주변의 실패한 예를 언급하면서 불가능하단 점을 강조하기 때문입니다.

서울대 커뮤니티에서 어떤 사람이 직장을 그만두고 전문 과외만으로 먹고사는 건 어떠냐는 글을 본 적이 있었습니다. 그 댓글에도 과외 시장은 이미 포화이고 힘들 거라는 댓글에 가장 많은 공감이 있었습니다. 하지만 제 주변에는 서울대가 아닌 서울권 4년제 대학을 졸업하고도 전문 과외를 하면서 일반 직장인보다 돈을 잘 버는 사람들이 두 명이나 있습니다. 물론 특수한 경우라고 할 수 있습니다. 하지만 어떤 분야에서 성공하려면 한계를 뛰어넘는 특수한 케이스가 되어야 합니다. 남들만큼만 해서는 남들보다 나은 결과를 얻기 어렵다는 말입니다.

인터넷 커뮤니티에서는 대개 우울하거나 불쌍한 사연에는 많은 사람이 공감해 주고 응원해 주어 위로를 받는 데는 도움이 될 수도 있습니다. 그래서 인터넷 커뮤니티가 따뜻한 곳이라고 생각하기 쉽습니다. 하지만 무언가를 이루고 싶은 사람은 인터넷 커뮤니티를 멀리하는 것이 오히려 도움이 된답니다.

✦ 긍정적이고 희망적인 글은 많지 않다

가끔 이미 뭔가를 이룬 사람이 긍정적이고 희망적인 내용의 글을 커뮤니티에 올리기도 합니다. 그러면 그 글에는 많은 사람이 반박하는 댓글을 달거나 반대 사례를 들려고 애를 씁니다. 그건 네가 금수저라 그런 거다, 아무나 그렇게 할 수 있는 게 아니다 등 어떻게든 그 내용이 모든 사람에게 적용될 수 없다는 논리를 폅니다. 맞는 말입니다. 모든 사람이 성공할 수 없듯이 모두에게 적용되는 말은 아닐 것입니다. 글을 쓴 사람도 이미 알고 있지만, 단 한 명이라도 자기 글을 읽고 변화할 수 있기를 기대하며 썼을 수도 있습니다.

그런 반응을 보면, 성공한 사람들도 대응을 해주다가 지쳐서 커뮤니티를 떠나 버립니다. 굳이 사람들과 댓글로 토론해 봤자 자신에게 이득이 되는 것도 없기 때문입니다. 사실 뭔가를 이뤄낸 사람들은 인터넷 커뮤니티에 글을 쓰고 있을 시간이 없기도 합니다. 자기 삶에 충실하기만 해도 워낙 바쁘기 때문입니다. 그래서 대부분 커뮤니티에는 긍정적인 사람보다는 부정적인 성향의 사람들이 더 많습니다.

자신이 어떤 큰 포부를 갖거나 진로와 관련하여 결심한 것이 있다면, 인터넷 속 세상이 아닌 먼저 그 길을 걸은 사람을 찾아가 보는 게 좋습니다. 다수의 대중이 모인 곳에서는 단편적이고 일반적인 정보만 찾고, 여러분의 미래에 관한 것은 어려움을 뚫고 이겨낸 사람과 이야기를 나눈다면, 목표를 이루는 데 있어 더 큰 도움이 될 것입니다.

 Tipping point

- 인터넷 커뮤니티는 간단한 정보를 얻을 때 도움이 될 수는 있지만, 내 미래를 상담할 공간이라 보기는 어렵다.
  ➡ 커뮤니티는 대개 사람들의 평균치를 기준으로 얘기한다. 하지만 여러분이 무언가 이루기 위해서는 평균이 아닌 특별한 케이스가 되어야 한다.
- 자신이 큰 포부나 꿈을 갖게 되었다면 인터넷 커뮤니티보다 그 길을 먼저 걸어간 사람을 찾아가자.

기회가 있을 때 무엇이든 열심히 배워 두기

저는 의무 소방이라는 제도를 통해 군대 대신 소방서에서 군 생활을 했습니다. 당시 제가 맡은 역할은 화재나 구조 현장의 영상을 찍어 방송국에 제공하거나 화재 원인을 조사하기 위한 사진을 찍는 일이었습니다.

그 이전에도 사진이나 영상 촬영을 해본 경험은 있었는데 전문적인 수준은 아니었습니다. 저와 친했던 군대 선임은 이왕 카메라 관련 보직을 담당하게 되었으니 열심히 배워 보라고 했지만 저는 배우고 싶은 마음이 전혀 없었습니다. 우선 이 일은 제가 하고 싶어서 맡게 된 일이 아니라고 생각했기 때문입니다. 남이 시켜서 하게 된 일이라 생각하니, 열심히 하고 싶다는 의욕이 생기지 않았습니다. 그리고 군대에서는 뭐든 적당히만 하면 된다고, 너무 잘하려 하지도 말고 너무 못하지도 말라고, 괜히 눈에 띄어서 좋은 거 없다는 말을 많이 들었습니다. 이런저런 이유로 저는 기본적인 사진 찍는 기술이나 영상 편집 정도만 익히고, 그 이상의 노력은 하지 않았습니다.

그 당시 저는 제 미래를 위해 전공이나 영어 공부만 중요하다고 생각했던 거 같습니다. 그 외의 것들은 '굳이 잘해 봤자 뭐 하나' 하는 생각이었습니다. 그런데 군대 선임은 저와 생각이 달랐습니다. 그 선임은 당시 운전을 담당했는데, 이참에 자신의 운전 실력을 키운다는 생각으로 열심히 맡은 일에 최선을 다해 임했습니다.

그로부터 많은 시간이 지난 지금, 돌이켜보면 그 좋은 기회에 사진이나 영상 공부를 더 많이 하지 않은 것이 아쉽습니다. 제가 훨씬 더 중요하다고 생각했던 전공 지식은 막상 직장에 취직한 이후로도 활용한 적이 거의 없습니다. 게다가 전 특이하게도 뒤늦게 전공을 바꾸게 되어 이제는 이전 전공과는 전혀 상관없는 삶을 살게 되었습니다.

✦ 아무리 작은 기술이라도 필요할 때가 있다

그런데 제가 제대한 이후로 유튜브가 선풍적인 인기를 끌고 동영상이 주목받는 시대가 찾아왔습니다. 그 이전까지는 사실 사람들이 인터넷을 통해 지금처럼 동영상을 많이 보지는 않았습니다. 물론 좋은 영상을 만들기 위해서는 기획력이나 아이디어가 더 중요하다고 생각합니다. 하지만 영상 촬영이나 편집에 꾸준한 관심을 가져왔다면, 그동안 더 많은 기회가 있었겠다는 생각도 합니다. 그때만 해도 내가 앞으로 동영상을 다룰 일이 얼마나 있겠냐고 생각했는데 그것은 시대의 흐름을 따라가지 못한 생각이었습니다. 뒤늦게 영상 제작에 관심이 생길 줄 그땐 미처 몰랐습니다.

살다 보면 별로 중요하지 않다고 생각되는 일을 어쩔 수 없이 해야 할 때가 있습니다. 그럴 때면 저처럼 똥 씹은 표정으로 억지로 하는 경우가 많은데, 어차피 해야 할 일이라면 거기서 뭔가를 배우겠다고 생각하는 쪽이 훨씬 도움이 됩니다. 물론 저처럼 그 당시에는 모를 수 있습니다. 다른 더 중요한 일이 있고, 내 앞에 주어진 일은 별로 의미가 없는 것 같다고 생각하는 것입니다. 하지만 이런 생각은 장기적으로 보았을 때 제 인생에서 큰 손해였습니다. 저보다 겨우 몇 살 많았던 군대 선임은 당시에 어떻게 그리 멀리 볼 줄 알았는지 지금도 감탄합니다.

심지어 화장실에 변기가 막혔을 때 뚫어뻥을 사용하는 요령도 한 번 익혀 두면 요긴하게 쓰일 때가 많습니다. 한번은 개인이 운영하는 해외 숙소에서 지내는데 변기가 막힌 적이 있었습니다. 집주인을 부르기도 어려운 늦은 밤이었습니다. 그때 뚫어뻥으로 잘 해결할 수 있었습니다. 뚫어뻥도 단지 손만 왔다 갔다 한다고 되는 게 아니라 요령이 있습니다. 뚫어뻥을 쓸 줄 몰랐다면 아침까지 변기를 못 쓸 뻔했는데 생각만 해도 아찔한 일이었습니다.

여러분도 살면서 무언가를 우연히 배울 기회가 생긴다면 주어진 시간을 수동적으로 보내지 말고 적극적으로 부딪혀 보기를 바랍니다. 어차피 그 시간에 다른 뭔가를 할 수 있는 것도 아니라면 더더욱 말입니다.

 Tipping point

- 지금 당장은 쓸모없어 보이는 지식과 기술이라도 배워 두면 요긴하게 쓰일 때가 있다.
➡ 뭔가를 배울 기회가 찾아온다면 무엇이든 긍정적인 마음으로 배워 두자.

새로운 변화는
먼저 경험해 보기

몇 년 전부터 음식점이나 카페 같은 데서 계산할 때 쓰는 키오스크가 많아졌습니다. 부끄러운 얘기지만 전 처음에 키오스크가 어색해서 직접 점원한테 계산하는 방식을 선호했습니다. 사람에게 직접 말하는 게 익숙하기도 했고, 키오스크에서 버벅거리다 시간을 끌면 뒤에 기다리는 사람한테 피해를 줄지 모른다고 생각해서 불안했습니다. 그런데 제가 새로 이사한 동네의 김밥집이 키오스크로만 결제가 가능했습니다. 그때부터 어쩔 수 없이 키오스크를 쓰다 보니 이제는 오히려 사람보다 키오스크가 더 편하게 느껴집니다. 이렇게 익숙해지고 나면 아무것도 아닌 것을, 왠지 어색해서 일 년 넘게 피해 다닌 제가 한심하게 느껴질 정도였습니다.

✦ 한 번의 경험이면 충분하다

2022년 12월에는 '챗GPT'라는 AI가 세상에 등장해서 큰 화제가 되었습니다. 기존과는 차원이 다른 새로운 AI 서비스가 시작된 거였습니다. 저도 서비스 오픈 날에 접속해 보았는데 사람이 많아서 그런지 잘 되지 않았습니다. 그 뒤로는 '나중에 해보지, 뭐!' 하면서 자꾸 미루다 보니 금세 몇 달이 흘러버렸습니다. 그러다 우연한 계기로 한 번 이용해 보고 나니 재미있고 활용도가 높아서 자꾸 쓰게 되었습니다. 이처럼 단 한 번의 경험이면 되는데, 그걸 왜 계속 미뤘나 싶을 때가 많습니다.

대학에서 필기할 때도 마찬가지입니다. 전 어릴 때처럼 펜으로 노트에 직접 적는 편인데, 저와 다르게 노트북을 이용해서 필기하는 학생들이 꽤 있었습니다. 그런데 요즘에는 아이패드 같은 도구를 활용해서 필기하는 학생들이 훨씬 많아졌습니다. 그런 친구들을 보면 가끔 뒤처진 듯한 기분이 들 때가 있습니다. 사실 나이가 들수록 더 그런 경향이 심한 것 같습니다. 예전에 하던 방식이 편하고 굳이 새로운 방식으로 바꾸어야 할지 고민하게 됩니다. 그런데 이렇게 점점 새로운 걸 받아들이지 못하고 포기하는 게 많아질수록 세상에 뒤처질 가능성이 크다고 봅니다. 그래서 저 역시 의식적으로 자꾸 새로운 것을 시도해 보려 노력합니다.

◈ 새로운 방식을 받아들이자

새로운 걸 받아들이지 않고 기존 방식을 고수하다 뒤처진 대표적인 사례가 일본의 관공서입니다. 일본에서는 아직도 도장이나 팩스를 사용하는 등 아날로그를 선호하는 사람들이 유독 많습니다. 반면 우리나라는 많은 것이 전자화되었고 문서도 대부분 전자결재로 처리합니다. 이렇게 새로운 방식을 도입할수록 업무 처리 속도도 빠르고 효율적으로 일할 수 있습니다. 거기서 아끼는 시간을 다른 생산적인 일에 쓸 수도 있습니다.

한국과 일본이 단지 관공서의 전자화 정도에서만 차이가 나타나는 것은 아닙니다. 그 밑바탕에는 새로운 걸 적극적으로 받아들이려 하느냐 아니면 기존 것을 고수하려 하느냐의 가치관 차이가 있습니다. 우리나라는 정부뿐만 아니라 기업들도 계속 새로운 혁신을 추구하면서 발전하고 성장을 이뤄내지만, 일본은 1990년대 이후로 기업들이 계속 정체된 상태라는 평가를 많이 받습니다. 이런 격차는 국가 차원에서만 일어나는 문제만은 아닐 것입니다.

사람들도 새로운 것을 받아들이는 능력의 차이가 경쟁력의 차이로 나타날 수 있습니다. 예를 들어, 스마트폰이 처음 세상에 등장했을 때 기존 휴대전화가 더 익숙하고 좋다면서 끝까지 스마트폰을 쓰지 않으려 했던 사람들도 있습니다. 스마트폰을 먼저 써본 사람들은 다양한 앱을 활용하여 생산성을 높이고, 일상생활의 여러 곳에서 발 빠르게 활용하기 시작했습니다. 앞으로 앱스토어가 확장될 것을 알고 새로운 앱 개발을 서두른 사람도 있었습니다. 저 역시 그때 스마트폰 앱을 만들어서 출시했던 경험이 있습니다. 뭐든 초창기에 선점하는 게 유리한 측면이 있기 때문입니다. 만약 애플의 스마트폰을 써 보고 아이폰이 앞으로 세상을 바꿀 것이라고 믿었다면 애플이라는 회사에 투자했을 것이고, 그랬으면 아마 지금 어마어마한 수익을 보았을 것입니다.

이렇게 빠르게 변화하는 세상에서 새로운 것이라면 작은 것 하나부터 열까지 직접 해보는 경험이 중요합니다. 말로만 듣고 아는 것과 자기가 직접 해보는 것은 천지 차이입니다. 말로만 들었을 때는 어떤 서비스인지 대략 이해할 정도이지만, 직접 경험해 보면 새로운 아이디어가 생각날 수도 있고, 앞으로 다른 기회를 발견할 수도 있습니다. 본인이 직접 해봐야 진짜 좋은 점과 아쉬운 점 등을 느낄 수 있기 때문입니다.

앞으로는 AI나 메타버스 등과 관련된 새로운 서비스들이 더욱 많이 쏟아져 나올 것입니다. 하지만 기존 방식이 편하고 익숙하다고 새로운 흐름을 무시하지는 않았으면 합니다. 어렸을 때 누구나 갖고 있던 새로운 것에 대한 호기심을 어른이 되었다고 잊지 말고 계속 키워나가기를 바랍니다.

- 세상에 없던 새로운 제품이나 서비스가 나오면 호기심을 갖고 남보다 먼저 시도해 보자.

  ➡ AI, 메타버스 등 앞으로 세상이 변화하는 속도는 더 빨라질 수 있다.

- 남들보다 먼저 시작하면 새로운 아이디어나 기회를 발견할 수도 있다.

  ➡ 기존 방식이 편하고 익숙해도 새로운 걸 한 번씩 시도해 보자.

마음이 힘들 때
멘탈을 지켜내는 방법

　살다 보면 감정이 마음대로 통제되지 않고 심한 불안감이나 절망감을 느낄 때가 있습니다. 나만 뒤처진 것 같고 실패한 인생이란 생각이 들 때도 있습니다. 이렇게 감정적으로 동요가 될 때는 어떻게 하면 좋을까요?

　저도 사실 멘탈이 그렇게 강한 편은 아닙니다. 지금은 예전보다 나아졌다고는 해도 여전히 절 둘러싼 자극에 상당히 민감한 편입니다. 하지만 민감하기 때문에 나의 멘탈을 잘 지켜내려고 누구보다 열심히 노력해 왔습니다.

✦ 날씨가 아닌 계절을 바라보자

어떤 상황에서도 멘탈을 잘 부여잡기 위해서는 먼저 날씨가 아닌 계절을 보는 습관이 필요합니다. 날씨는 매일 변화무쌍합니다. 오늘 맑은 해가 비추다가도 내일 갑자기 비가 올 수도 있습니다. 만약 내일 날씨를 정확히 예측해야 하는 상황이라면 기분이 어떨까요? 이렇게 예측 불가능한 상황에서는 누구든 마음을 잡기 어렵습니다. 하지만 계절은 다릅니다. 혹독한 겨울이 지나면 반드시 따뜻한 봄이 옵니다. 물론 3월 초에 올지 3월 말에 올지 구체적인 시기까지는 잘 모르지만, 지구가 멸망하지 않는 이상 결국 봄은 다시 옵니다. 내가 지금 아무리 힘든 일을 겪고 있어도 결국에는 다 지나간다는 것을 알 수 있습니다.

만약 여러분이 살면서 처음으로 큰 어려움을 겪는다면, 그 상황이 계속될 것만 같고 영원히 고통스러울 것처럼 느껴질 것입니다. 하지만 그렇게 힘든 시기도 결국 버티면 지나갑니다. 결국 다 지나갈 것이란 걸 아는 사람은 지금 당장 고통스럽더라도 참아낼 힘이 생깁니다. 멘탈이 버텨줄 수 있습니다. 고통을 인내하며 봄을 기다린 사람은 그만큼 멘탈도 단단해집니다. 하지만 그걸 모르는 사람은 계속 불안에 떨면서 하루하루를 고통 속에서 살게 됩니다.

✦ 과거의 사례를 찾아보자

나와 같은 상황이 과거에는 어땠는지 살펴보는 것도 도움이 됩니다. 세상에는 계속 새로운 일들이 일어나는 것 같지만 역사는 약간씩 변화가 있을 뿐 계속 반복됩니다. 수능 시험이 끝나고 나면 '역대급 불수능'이었다는 말이 나올 때가 있습니다. 시험을 보고 나오자마자 참았던 울음을 터트리는 학생들도 있습니다. 왜 우리 학년에서 이런 끔찍한 일이 일어났냐면서 하늘을 원망하기도 합니다.

그런데 몇 년 전 기사를 찾아보면 그때도 '최악의 불수능'이었단 말이 있습니다. 그 당시의 수험생 커뮤니티를 살펴보면 지금과 완전히 똑같이 불안에 떨면서 세상이 곧 끝날 것만 같은 분위기의 학생들을 볼 수 있었습니다. 하지만 결국 그렇게 불안에 떨던 학생들도 다들 대학에 진학했고, 지금 잘살고 있습니다.

힘든 상황에 놓였을 때, 그와 유사한 과거 사례를 살펴보면 자신이 느끼는 감정을 객관화할 수 있습니다. '아, 지금 나만 이렇게 느끼는 게 아니구나. 원래 이런 상황에서는 다 이런 반응이구나. 그런데 결국에는 다 무사히 지나가는구나!'라는 것을 알면 조금은 더 마음이 편안해집니다.

✧◆ 통제할 수 있는 상황인지 살피자

마지막으로 나를 힘들게 하는 원인을 통제할 수 있는 것인지 살피는 것도 중요합니다. 고통스러운 일에는 통제할 수 있는 일과 통제 불가능한 일이 있습니다. 통제가 가능하다는 것은 내 노력 여하에 따라 결과가 바뀔 수 있음을 의미합니다. 반면 통제 불가능한 일은 이미 내가 어떤 행동을 하든 결과가 바뀌지 않는 상황을 의미합니다. 만약 괴로움을 주는 원인을 통제할 수 있는 상황이라면, 그 일을 바꾸기 위해 노력해야 합니다. 통제할 수 있는 괴로움은 가만히 있는 게 능사는 아니니 때론 용기를 내어 상황을 바꾸어야 합니다.

하지만 통제 불가능하다면 자꾸 생각해 봐야 괴롭기만 합니다. 사랑하는 사람이나 반려동물을 갑자기 떠나보내게 되었다면, 그 상황 자체는 바꿀 수 없습니다. 결국에는 시간이 모든 걸 해결해 줄 가능성이 큽니다. 그러니 자꾸 괴로운 상황을 떠올리기보다는 다른 일에 집중하는 것이 더 좋습니다.

힘든 시기를 겪는 게 당시에는 무척 괴로울지 몰라도 그 시기를 버텨내고 나면 단단한 멘탈 근육이 몸 안에 생겨납니다. 살다 보면 의도치 않게 힘든 일이 연속적으로 일어날 수도 있습니다. 하지만 이런 시기를 겪어낸 사람은 다음에 맞닥뜨리는 위기 상황에서는 훨씬 편안한 마음으로 이겨낼 힘을 갖습니다. 위기 자체는 누구에게나 찾아오는 것이니 나에게만 이러한 불행이 온다고 세상을 탓하거나 자신을 탓할 필요는 없습니다. 신이 아닌 이상 누구나 실수하기도 하고, 내가 잘못한 게 없는 데도 시련이 찾아올 수 있습니다. 그러니 괴롭더라도 버텨내면 곧 힘든 일도 끝난다는 사실을 기억해 주시기를 바랍니다.

 Tipping point

- 힘든 일이 있을 때, 날씨보다는 계절을 바라보는 습관을 들이자.
  ➡ 겨울이 지나 봄이 오듯, 고통스러운 일도 버티면 결국 지나갈 수 있다.
- 과거의 유사한 사례를 살펴보면 내 감정을 객관화할 수 있다.
- 통제 불가능한 일이라면 잠시 잊어두고 다른 일에 집중하는 게 좋다.
  ➡ 지금 많이 힘든 일도 결국 시간이 해결해 준다.

누구에게나 찾아오는 인생의 위기

저는 남들 못지않게 착실하게 살아왔다고 생각합니다. 흔히들 인생의 주요 단계마다 해야 한다고 말하는 대입이나 취업도 때에 맞춰 잘해왔습니다. 살면서 크게 잘못된 행동을 한 적도 없었고, 이렇게만 살아가면 큰 어려움 없이 남들처럼 잘살 수 있으리라 생각했습니다.

그런데 현실이 꼭 그렇지만은 않았습니다. 세상을 살다 보면 크고 작은 위기의 순간이나 어려움이 닥쳐오기 마련입니다. 나만 잘하면 된다고 생각하는 것도 어찌 보면 순진한 생각일 뿐이란 걸 깨닫게 됩니다.

우리는 흔히 이런 생각을 합니다. 시험을 보면 운 좋게 하나 더 맞기를 바라고, 내가 선택한 전공이 앞으로 점점 유망해지길 바랍니다. 내가 취업한 회사도 점점 성장하고 운 좋게 승진도 빨리할 수 있길 바랍니다. 나에게만은 인생의 중요한 순간마다 행운이 찾아오길 바랍니다. 하지만 현실은 이러한 과정에서 어느 하나 쉽게 이뤄지지 않습니다. 분명히 난 열심히 노력했고 그에 합당한 대가를 받아야 한다고 생각하는 순간에도 인생의 배신은 찾아옵니다. 남들은 별다른 노력 없이 운이 좋아 쉽게 이뤄내는 것 같은데, 나는 왜 이렇게 고생해야 하는지 억울한 생각이 들기도 합니다.

✧◆ 누구나 힘든 일 한 가지씩은 품고 산다

말을 안 할 뿐이지 누구에게나 고통이 있고 위기의 순간이 찾아옵니다. 그러한 위기는 건강상의 문제 혹은 경제적인 문제이거나 가족 문제일 수도 있고, 눈에 보이지 않는 정신적인 위기가 찾아올 수 있습니다. 지금 말하고자 하는 진로의 고민이 제가 경험한 위기의 순간입니다.

저는 원하는 직장에 취직하기 위해 그동안 수많은 노력을 쏟아부었습니다. 힘들게 대입에 성공하여 대학에서 학점 관리도 열심히 하고 토익 점수도 높게 만들어 국내외에서 인턴도 했습니다. 취업 대비 자기소개서를 쓰고 면접 연습을 하는 데도 6개월이나 노력했습니다. 그렇게 십여 년을 노력해서 들어간 직장인데 바보가 아니라면 웬만한 이유가 아니고서야 쉽게 그만두고 싶지 않았을 것입니다. 하지만 저는 직장을 다니면서 몇 년간 뭔가 잘못되었다고 생각하면서 지냈습니다. 저에게 한 가지 확실한 것은 이대로 직장을 다니는 건, 마치 영혼이 죽어 있는 채로 사는 것과 같다는 느낌이었습니다.

제 마음의 소리를 무시하고 묵묵히 회사에 오가는 선택을 할 수도 있었을 것입니다. 분명 그런 노력도 여러 차례 했었습니다. 하지만 결국 느끼게 된 불합리함, 공허함을 이겨낼 수 없었습니다. 술을 마시는 횟수가 늘고 회사 밖에서도 자주 화를 내는 경우가 많았습니다. 그렇게 살다 보니 당시의 제 모습과 똑같은 다른 직장 상사의 모습이 떠오르며, 제 미래도 결국 그렇게 되는 건가 하는 생각이 들었습니다.

물론 저는 직장 생활이 꼭 모두에게 괴롭지만은 않다고 생각합니다. 그 안에서 자신만의 의미를 찾을 수 있고 긍정적인 태도로 살아가는 분들도 있습니다. 그러한 자세는 직업이 무엇이든 간에 존경합니다. 하지만 회사 욕을 하면서 항상 부정적인 생각이 머릿속에 가득한 채 살아가는 건 그 누구보다 자신에게 미안한 일이며, 한번 사는 인생인데 하루하루를 괴롭게 산다는 건 정말 고역입니다.

✦ 위기를 극복하는 자가 되자

앞서 말했듯이 인생의 위기라는 건 누구에게나 찾아옵니다. 한 번만 찾아오는 것도 아니고 겨우 극복했다 싶으면 다른 위기가 다시 찾아올 수도 있습니다. 다만 여기서 사람마다 달라지는 부분이 있습니다. 이러한 위기를 극복하는 자와 위기로 인해 무너지는 자로 나뉜다는 것입니다. 어떤 위기든 간에 다 내려놓고 포기하느냐 아니면 그것과 싸워 이겨내느냐의 차이입니다.

흔히들 평탄한 삶을 사는 게 가장 어렵다고들 말합니다. 무언가 인생에서 중요한 결정을 내려야 하는 순간, 그러한 결정에 따른 후폭풍이 두려워서 애써 회피하려는 사람도 있습니다. 하지만 아무것도 하지 않으면 평탄한 삶조차 지켜내기 어려울 때가 많습니다. 삶에서는 자의든 타의든 꼭 용기 내어 선택해야 하는 순간이 찾아옵니다.

회사뿐만 아니라 자기가 선택한 전공을 탓하는 사람들도 많습니다. 이 전공 때문에 내 인생이 망했다면서 말입니다. 그런데 전공이든 회사든 결국 마지막에 선택한 사람은 자기 자신입니다. 무언가를 바꿔나가기 위해 건전한 비판을 할 수는 있으나, 자신은 변하지도 않으면서 신세 한탄만 하고 있다면 위기를 극복할 수 없습니다.

여러분에게 이런 전공이나 직장 생활 이야기는 아직 멀게만 들릴 수 있지만, 굳이 이런 얘기를 하는 이유는 내가 지금 아무리 옳다고 생각해서 내린 결정 또는 신중히 내린 결정이라 해도 나에게 위기를 불러올 수 있다는 걸 말하고 싶기 때문입니다. 그런 상황이 찾아온 건 여러분의 잘못이 아니며 나 자신한테만 혹독한 시련이 찾아오는 것도 아닙니다. 길고 긴 인생에서 이런저런 위기가 찾아오는 게 당연하다고 생각하면 분명 마음가짐도 달라질 수 있습니다.

저 역시 진로의 위기가 지나고 경제적인 위기가 찾아왔습니다. 당장 직장을 그만두니 모아둔 돈만으로 생활하기도 버거웠던 것입니다. 처음에는 잠도 잘 오지 않고 시도 때도 없이 가슴이 두근거리기도 했습니다. 하지만 위기를 이겨내겠다는 의지 하나로 결국에는 극복해 낼 수 있었습니다. 이제는 사실 어떤 것도 저를 두렵게 만드는 게 없습니다. 그렇게 한 번씩 위기를 극복할 때마다 멘탈이 점점 더 단단해지는 것을 느낍니다.

여러분도 언젠가 인생의 위기가 올 수 있습니다. 어쩌면 지금 힘든 시기를 겪고 있을 수도 있습니다. 그런데 이 위기란 놈은 형태와 시기만 다를 뿐 누구에게나 찾아오는 감기와 같습니다. 그렇게 생각하면 나만 불행하다고 느끼기보다는 조금은 의연하게 대처할 수 있습니다. 인생의 어느 순간 찾아오는 위기에 무너지지 않고, 끄떡없이 극복하는 사람이 되기를 바랍니다.

Tipping point

- 인생의 위기는 마치 감기처럼 누구에게나 찾아올 수 있다.
- 세상에는 위기를 극복하는 사람과 위기로 인해 무너지는 사람이 있을 뿐이다.
- 지금 힘든 시기를 겪고 있어도 의연한 태도로 극복하자.

너무 힘들 때는 지금 거기서 멈추기

지금까지 인내와 끈기가 중요하다는 점을 계속 강조했습니다. 우리가 뭔가를 이뤄내기 위해서는 어쩔 수 없이 참아내는 과정이 필요합니다. 특히 목표를 성취하거나 꿈을 이뤄가는 과정에서는 더 그럴 수 있습니다. 그런데 여기에 한 가지 전제조건이 있습니다. 내가 느끼는 스트레스가 너무 커서 몸이나 마음이 무척 아픈데도 무작정 참고 견뎌내라는 말은 절대 아닙니다.

저의 부모님 세대까지만 해도 뭔가를 끝까지 하지 않고 중간에 멈추면 큰일이 나는 줄 아시는 분들이 많았습니다. 그래서 학교든 직장이든 중간에 그만둔다는 건 좋지 않게 생각했습니다. 저 역시 직장을 그만둘 때 주변 어른들의 반대가 심했습니다. 지금도 남들과 조금이라도 다르게 살면 안 된다고 생각하는 분들이 꽤 많으리라 생각합니다.

하지만 제 생각은 조금 다릅니다. 공부를 열심히 하는 건 좋지만, 그것 때문에 스트레스가 너무 심해서 몸이나 마음이 상해서는 안 됩니다. 학교를 잘 다니는 일이 아무리 중요해도 폭력이나 괴롭힘을 참아내면서까지 견뎌낼 필요는 없습니다. 만일 스트레스로 인해 불면증이 오거나 평소와 다른 이상한 증상이 몸에 나타난다면 그게 거기서 멈추라는 신호라고 받아들이면 됩니다.

가끔 학업 스트레스나 친구들의 집단 따돌림으로 목숨을 끊는 아이들의 뉴스를 볼 때가 있습니다. 직장에서 업무 스트레스, 직장 상사나 동료의 괴롭힘으로 죽음을 택하는 어른들도 여전히 있는 게 현실입니다. 사실 사람이 극한의 스트레스를 받으면 다른 생각을 할 수 없게 된다고 합니다. 그래서 이 상황에서 벗어나는 방법은 단 한 가지뿐이라고 생각할 수도 있습니다.

하지만 이 세상 그 무엇도 나 자신보다 소중한 건 없습니다. 도저히 견딜 수 없는 괴로움이 있다면 언제든 거기서 멈추면 됩니다. 혼자서 감당하려 하지 말고 주변 어른들에게 도움을 요청하길 바랍니다. 정말 도저히 감당하기 힘들다면 학교를 그만두어도 괜찮습니다. 검정고시를 볼 수도 있고, 다른 방법으로도 얼마든지 원하는 일을 해나갈 수 있습니다. 당장 눈앞의 것만 보고 시야가 좁아져서는 안 됩니다. 꿈꾸는 목표가 있더라도 얼마든지 돌아갈 수 있고, 먹고사는 방법도 지금 내가 아는 것보다 백 가지 이상은 더 있답니다.

✧ 가장 소중한 건 나 자신이다

친구들과의 관계가 어렵거나 불편해도 나를 희생하면서까지 맞춰줄 필요는 없습니다. 저는 중학교, 고등학교뿐만 아니라 군대, 두 번의 대학교, 두 번의 직장에 속한 경험이 있습니다. 그렇게 어딘가에 속할 때마다 새로운 사람들과 관계를 맺게 됩니다. 어떤 집단에 속해 있을 때는 항상 그 안에서의 관계가 인생의 전부인 것처럼 느껴집니다. 영원히 이 사람들과 함께 살아가야 할 것만 같습니다.

하지만 대개는 유효기간이 정해져 있습니다. 중고등학교라면 3년, 대학이라면 4년 정도가 끝입니다. 그 기간을 지나면 평생 다시는 안 볼 사람이 90%가 넘는데도 우리는 사람들을 의식하고 많이 불편하더라도 참아냅니다. 반대로 어차피 곧 끝날 관계라고 생각하면 마음이 조금은 더 편해질 수 있습니다. 다시 볼일도 없는 사람들 때문에 마음 고생할 필요는 없습니다. 새로운 집단에 가면 어차피 새로운 관계를 맺게 되니, 지금 문제가 있더라도 전혀 걱정할 필요가 없습니다.

TV나 유튜브를 보면 산속에 들어가서 사는 사람, 무인도나 시골에 가서 혼자 사는 사람, 해외를 떠돌며 여행만 다니는 사람 등 다양한 사람들이 등장합니다. 그 사람들의 삶은 정말 특이해 보이는데 사람들의 관심을 끄는 이유는 무엇일까요? 그들은 직장이나 인간관계 같은 일상에서 겪는 스트레스에서 벗어난 것처럼 보이는데, 아마도 우리가 그들을 보며 대리만족을 느끼기 때문일지도 모릅니다.

가끔은 그런 삶을 사는 사람이 부러워 보이기도 합니다. 사실 우리도 언제든 그런 삶을 선택할 수 있습니다. 내가 가는 길이 정말 힘들다면 다른 길도 얼마든지 많이 있다는 걸 꼭 기억해 주었으면 합니다. 그러니 지금 가고 있는 길이 너무 힘들다면 언제든 멈추어도 됩니다.

 Tipping point

- 도저히 감당하기 힘든 스트레스를 참아내면서까지 이뤄야 할 것은 없다.
- 이 세상 그 무엇도 자신보다 소중한 건 없다.
- 몸과 마음이 너무 힘들다면 더 참지 말고 거기서 멈추자. 멈추면 다시 새로운 길이 보인다.

10대, 세상과 맞서기 전
알아야 할 인생 수업

1판 1쇄 인쇄 2023년 9월 11일
1판 1쇄 발행 2023년 9월 18일

지은이   권혁진
발행인   김형준

책임편집   박시현
마케팅   신혜진
디자인   산타클로스

발행처   체인지업북스
출판등록   2021년 1월 5일 제2021-000003호
주소   경기도 고양시 덕양구 삼송로 12, 805호
전화   02-6956-8977
팩스   02-6499-8977
이메일   change-up20@naver.com
홈페이지   www.changeuplibro.com

ⓒ 권혁진, 2023

ISBN   979-11-91378-41-2 (43190)

체인지업북스는 내 삶을 변화시키는 책을 펴냅니다.